LES PROVERBES,

DICTONS ET MAXIMES

DU

DROIT RURAL TRADITIONN

CONSIDÉRÉS

COMME MOYEN DE VÉRIFIER LES USAGES LOCAUX,
PRÉCISER LES RÈGLES ET D'EN PROPAGER LES PRINC
PARMI LES POPULATIONS AGRICOLES,

PAR

M. J.-L.-Alexandre BOUTHORS,

Membre du Conseil de Préfecture de la Somme, ancien
en chef de la Cour impériale d'Amiens.

PARIS,

A. DURAND, LIBRAIRE, rue des Grès, 3.

AMIENS,

CARON ... IBERT, LIBRAIRES, place du Marché de La
ALFRED CARON, LIBRAIRE, rue des Trois-Cailloux

1858.

LES PROVERBES, DICTONS ET MAXIMES

DU

DROIT RURAL TRADITIONNEL.

LES PROVERBES,

DICTONS ET MAXIMES

DU

DROIT RURAL TRADITIONNEL,

CONSIDÉRÉS

COMME MOYEN DE VÉRIFIER LES USAGES LOCAUX, D'EN
PRÉCISER LES RÈGLES ET D'EN PROPAGER LES PRINCIPES
PARMI LES POPULATIONS AGRICOLES,

PAR

M. J.-L.-Alexandre BOUTHORS,

Membre du Conseil de Préfecture de la Somme, ancien Greffier
en chef de la Cour impériale d'Amiens.

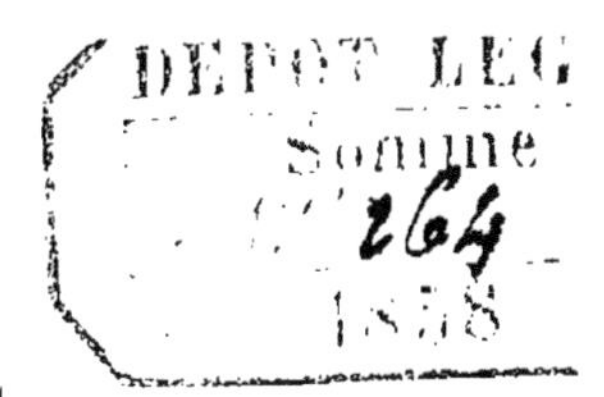

PARIS,

A. DURAND, Libraire, rue des Grès, 3.

AMIENS,

CARON et LAMBERT, Libraires, place du Marché de Lanselles.
Alfred CARON, Libraire, rue des Trois-Cailloux.

—

1858.

Cet opuscule se recommande tout particulièrement à l'attention des personnes que leurs fonctions ou leurs rapports d'affaires mettent journellement en contact avec les habitants de la campagne.

MM. les juges de paix, notaires, greffiers, huissiers, géomètres, arpenteurs et experts des cantons ruraux qui obtiendront la révélation de quelque proverbe, maxime ou dicton caractéristique d'un usage local, paraissant susceptible d'une application juridique, sont instamment priés de vouloir bien en donner l'indication à l'auteur, avec la traduction si la formule est en patois du pays, et de mentionner, en marge de la lettre d'envoi, le nom de la commune, du canton et du département où cet usage est observé.

L'auteur se fera un devoir de publier, en tête de l'édition définitive, la liste des personnes qui lui auront transmis des renseignements utiles.

Les lettres devront être affranchies.

PRÉFACE.

> Discebamus, pueri, legem duodecim (*Tab.*
> ut carmen necessarium.
>
> CICÉRON, *de orat.* lib. 1.

Tous les grands principes du droit se résument en axiomes. Toute maxime juridique est l'expression concise d'une proposition complète qui établit le rapport d'une cause à son effet. Ainsi :

Nul n'est censé ignorer la loi,
La loi n'a pas d'effet rétroactif,
Le mariage fait les enfants légitimes,
La femme est sous puissance de mari,
Pour tester, il faut être sain d'esprit,
Qui accepte une succession, en accepte les charges,
Les conventions font la loi des parties,
L'erreur vicie le consentement,

Le payement éteint la dette,
Qui a terme ne doit rien,
Ce qui a été payé sans être dû est sujet à répétition,
Les biens du débiteur sont le gage de ses créanciers,
Les meubles n'ont pas de suite par hypothèque,
En fait de meubles la possession vaut titre,

et une foule d'autres maximes qu'il serait trop long d'énumérer, sont comme autant de points de repère autour desquels convergent toutes les dispositions du droit civil.

Tantôt la maxime emprunte une forme poétique qui la symbolise et la rend plus facile à comprendre; tantôt elle frappe l'oreille par la répétition de deux sons uniformes qui aident à la graver dans la mémoire. *La clef porte un an, le pied saisit le chef*, sont des proverbes symboliques; *qui n'a labourage, n'a pâturage; ancienneté a autorité; testis unus, testis nullus*, sont des proverbes rimés.

Mais ce qui est surtout à remarquer, c'est l'analogie que présentent les proverbes des différentes nations dans des cas identiques. Ainsi,

pour caractériser l'instantanéité de la transmis-
sion héréditaire, on dit, en France : *le mort
saisit le vif;* en Allemagne : *der todte erbet den
lebendigen;* pour avertir la caution des conséquences d'une garantie témérairement donnée,
le français a la maxime : *qui répond paye;* l'ita-
lien, la maxime : *chi accita, paga;* pour exprimer
l'idée que les bons marchés font les dupes, nous
avons l'adage coutumier : *de male vente, telle
rente,* qui correspond à l'adage espagnol : *lo
barato es caro; le bon marché est toujours cher.*

La première manifestation du droit s'est pro-
duite sous la forme de maximes, et le premier
Code des nations a été un recueil de proverbes
rimés qu'elles ont inscrits sur la pierre et l'ai-
rain, afin d'en fixer les termes et d'en rendre
l'impression plus durable. Les peuples qui n'a-
vaient point de lois écrites se contentaient de les
apprendre par cœur. Thalès, Tirpandre et Tyr-
tée mirent en vers celles des Lacédémoniens. Les
lois de Charondas étaient chantées par les Athé-
niens à la fin de leurs repas, quand la joie ani-

mait les convives. Les Romains, dans les premiers temps de la république, exerçaient la mémoire des enfants sur les versets de la Loi des XII Tables, poème d'autant plus nécessaire à savoir, dit Cicéron, qu'en y apprenant à lire : *si in jus vocat, atquè eat*, ils y apprenaient aussi leurs devoirs et leurs obligations. La loi décemvirale fut au corps du droit civil ce que le décalogue du Sinaï a été au corps des saintes Écritures. Les dix commandements de Dieu furent un acheminement au dogme et à la morale de l'Évangile, comme les sentences de la loi des XII Tables ont été le glorieux embryon qui, en se développant, de siècle en siècle, a formé l'impérissable monument de la jurisprudence du peuple-roi. Le temps qui détruit tout, n'a pas plus épargné les tables de Moïse que les tables du Forum; mais en les brisant, mais en en dispersant les débris, il n'a pas empêché les maximes qui y étaient gravées de traverser les ténèbres de la barbarie, pour éclairer de leur flambeau les patients efforts des Pères de l'Église et des interprètes du droit romain : efforts dont les résultats accumulés constituent un trésor de doctrines qui s'accroît de jour en jour et auquel les générations à venir puiseront le moyen de se diriger et de guider les autres dans les voies de la sagesse, de la religion, du devoir et de la justice.

Est-ce à dire qu'il n'y ait plus de découvertes à faire dans le champ exploré par les légistes? Sans doute les traditions du droit civil ont été recherchées jusque dans leurs sources les plus lointaines et les plus mystérieuses, commentées et expliquées par les jurisconsultes du Moyen-âge, de la Renaissance et de notre époque, avec un succès qui ne peut être surpassé. Mais en est-il de même des traditions de la ruralité? Pour quelques-unes que les enquêtes par turbes et les actes de notoriété ont révélées aux rédacteurs et aux commentateurs des coutumes, combien d'autres demeureront ignorées parce que les villageois qui en sont dépositaires ne comparaissent plus aux assises annuelles ni aux assemblées périodiques où leurs pères étaient appelés à en rendre témoignage.

L'Allemagne a sur nous un avantage, c'est d'avoir conservé, dans ses *weisthümer*, des preuves écrites de ses anciens usages ruraux, et des maximes qui servaient à les exprimer, beaucoup plus nombreuses que celles que nous trouvons dans nos coutumes provinciales. Cela tient à ce que, chez nous, le droit coutumier ne se révélait qu'accidentellement et d'une manière partielle et restreinte, tandis que, chez nos voisins les Allemands, il se produisait périodiquement et d'une manière générale.

En France, lorsque les parties n'étaient point d'accord sur la coutume, elles étaient admises à en faire la preuve par témoins, ou bien on interrogeait les souvenirs des praticiens du siège pour constater ce qui avait été décidé dans des espèces analogues. Mais, soit qu'on eût recours aux témoignages des enquêtes par turbes, soit qu'on procédât par actes de notoriété, autrement dits *records de cour*, l'information ne portait que sur le point de droit en litige.

En Allemagne, au contraire, la déclaration

du *weisthum* embrassait l'ensemble des usages
que le juge local avait mission d'appliquer, dans
les limites de sa compétence. Les échevins, inter-
pellés solennellement, faisaient à toutes les questions qui leur étaient posées par le bailli, le prévôt
du seigneur ou le maïeur de la communauté,
des réponses qu'on enregistrait dans le procès-
verbal de leurs assises. Ces déclarations servaient de règle aux décisions de la justice. Lorsqu'elles avaient été consignées par écrit, il en
était donné lecture, dans chaque session du plaid
général; et, après un certain laps de temps, on
en renouvelait l'instrument vieilli, en lui faisant
subir les modifications que des usages tombés en
désuétude ou de nouveaux besoins avaient rendues nécessaires.

La rédaction et le renouvellement des *weisthümer* firent que les traditions juridiques de la
ruralité, dont on peut suivre les variations depuis le xiiie siècle jusqu'au xviiie, se conservèrent
mieux en Allemagne qu'en France, où l'usage
de garder note des décisions des tribunaux, en

2.

généralisant la preuve par le record de cour, a eu pour résultat de faire abandonner le mode beaucoup plus dispendieux des informations par turbes. Mais aussi, lorsqu'on procéda à la rédaction des coutumes, le Tiers-État, qui est censé avoir été le principal interprète des usages qu'il s'agissait de constater, ne fut appelé à cette enquête solennelle que pour approuver, par sa signature, des déclarations préparées à l'avance. Même dans les campagnes où la coutume locale devait être d'autant mieux connue des habitants qu'elle avait un rapport plus direct à leurs intérêts journaliers, tout fut l'œuvre des officiers de justice, à qui leurs préoccupations fiscales paraissent avoir fait oublier qu'ils avaient autre chose à faire que de donner le détail minutieux des droits, profits et amendes composant le casuel de la juridiction seigneuriale. Si les procès-verbaux où ils les ont si complaisamment énumérés, en risquant de copier les dispositions de la coutume générale, mentionnent parfois quelques oppositions, c'est encore une preuve que les articles contenus dans

ces procès-verbaux n'ont pas été dictés par les
personnes qui les ont contredits.

Or, cette circonstance explique pourquoi les
coutumes locales, avec plus de netteté et de pré-
cision dans les termes, offrent cependant moins
d'attrait à la lecture que les *weisthümer*, miroir
fidèle des impressions naïves et du langage pit-
toresque des paysans des bords du Rhin. « Ces
» déclarations, dit le savant Jacob Grimm, sont
» un magnifique témoignage de la libre et noble
» allure du droit germanique, dans sa manifes-
» tation primitive. Variées, mobiles et se repro-
» duisant toujours avec le même esprit, quoique
» avec des formes nouvelles, elles nous montrent
» la filiation d'anciens usages qui se rattachent
» par un lien nécessaire aux lois barbares et qui,
» pour cette raison, sont encore acceptés par
» l'homme du peuple avec une sorte de crainte
» mêlée de respect. » (J. GRIMM, *Préface des
antiquités du droit allemand.)*

Comme au temps où les lois de la Gaule
n'existaient que dans la mémoire des disciples

des Druïdes, qui se les transmettaient avec l'initiation sacrée, comme au temps où l'ignorance de l'écriture ne permettait pas au droit de se manifester autrement que par des formules et des symboles, les proverbes n'ont pas cessé d'être le code où de simples villageois trouvent, pour la défense de leurs intérêts, des règles de conduite qu'ils chercheraient vainement ailleurs. Cela est si vrai que, lorsqu'il s'élève une contestation entre deux voisins sur un point que la loi n'a pas prévu, l'arbitre de leur différend n'hésite pas à donner gain de cause à la partie dont la prétention est fondée sur un axiome qui pose la règle ou détermine la raison d'être de l'usage qu'elle invoque pour justifier sa demande ou son système de défense.

Les proverbes doivent donc être considérés comme le criterium des usages qui ont subi l'épreuve du temps et de l'expérience, comme la vraie marque de garantie de ceux que le gouvernement vient de faire colliger pour servir de matériaux à l'édification du code rural. Malheureusement, ce moyen de contrôle manque aux résultats connus de l'enquête de 1855. Bien peu de Commissions cantonales ont eu la bonne inspiration de chercher, dans les adages populaires, la confirmation des usages locaux qu'elles ont été appelées à recueillir. Quelques-unes cependant l'ont tenté avec un succès qui fait regretter que leur exemple n'ait pas trouvé plus d'imitateurs. Leurs déclarations, lorsqu'elles ne s'appuient point sur un ancien texte de coutume, sont accompagnées d'une maxime sacramentelle qui leur imprime un certain cachet de vérité et d'authenticité.

Il ne serait pas possible, en ce moment, de donner un inventaire complet des proverbes et dictons de la ruralité. Tout ce qu'on peut faire, c'est de tracer le programme de ce travail; c'est d'offrir, dans un cadre restreint, l'esquisse-specimen du tableau à exécuter.

Les *Institutes coutumières* de Loisel sont un exemple de la persévérance qu'exigent les entreprises de cette nature. Cet éminent jurisconsulte a consacré quarante années de sa vie à rassembler ses maximes auxquelles Eusèbe de Laurière a joint l'indication des sources d'où elles ont été tirées. Son œuvre a passé par bien des mains avant d'arriver à la perfection que lui a donnée le dernier commentaire de MM. Dupin aîné et Laboulaye. Puisse cet essai rencontrer les mêmes sympathies et avoir un jour la même bonne fortune.

Quelques-uns des axiomes qu'on trouvera ici, ont été empruntés à l'ouvrage de Loisel (1), d'autres aux coutumes ou à des usages constatés par l'enquête de 1855, d'autres enfin ne sont que l'indication d'une règle dont la formule n'est point connue. L'étoile * qui précède ces derniers avertit le lecteur qu'on compte sur lui pour obtenir la révélation de ceux qui doivent les remplacer dans l'édition définitive.

L'auteur, en entreprenant un travail aussi difficile, ne doit pas se dissimuler que, sans la coopé-

______

(1) « Parmi les manuscrits laissés par Loisel, se trouvait une » collection de *Proverbes ruraux anciens et modernes*, dont on » doit surtout regretter la perte. » (*Institutes de Loisel*, édition Dupin et Laboulaye , tome 1er, page LXV.)

ration des personnes qui en comprendront le but utile, son œuvre restera incomplète et inachevée. C'est pourquoi il fait appel au concours intelligent de celles qui, vivant au milieu des campagnards, ont été souvent à même d'observer les artifices de langage, les formules proverbiales qu'ils emploient pour débattre des questions d'intérêt. Indiquer un proverbe ayant trait à un usage juridique de la ruralité, en donner l'explication et la traduction lorsqu'elle sera nécessaire, faire connaître la commune, le canton et le département où cet usage existe, voilà ce qu'il leur demande. Leurs communications seront toujours accueillies avec reconnaissance lorsqu'elles lui permettront de rectifier une erreur ou de réparer une omission.

Il n'a pas la prétention de composer un ouvrage digne de trouver place dans la bibliothèque des érudits ou des jurisconsultes, mais de produire un livre qui puisse servir à l'instruction des classes agricoles, car, après les préceptes de la religion et de la morale, ce qu'il y a de plus utile à leur enseigner ce sont les principes de

cette espèce de droit sans nom qui fut la source
du droit écrit de toutes les nations, et qui ne
se révèle que par des dictons et des proverbes
appropriés aux usages des pays où il est observé.
Ceux de ces dictons qui formulent les règles tra-
ditionnelles de la ruralité, mériteraient d'être
inscrits sur les murs de toutes les écoles pri-
maires. S'ils étaient mieux connus, ils ne seraient pas plus difficiles à apprendre que les
règles de la grammaire et de l'arithmétique. Les
enfants qui fréquentent nos écoles ont la même
aptitude que ceux de l'antiquité à acquérir les
premières notions des devoirs de la vie sociale.
Il ne manque, pour les leur inculquer, qu'un
recueil de sentences rimées tel qu'était celui de
la Loi des XII Tables, qu'un formulaire de
maximes tel que celui qui se trouve en tête des
livres de prières destinés à l'éducation chré-
tienne. Le procédé mnémotechnique à l'aide duquel les enfants apprennent par cœur les commandements de Dieu et de l'Église, n'est pas
différent de celui qu'on doit employer pour leur
enseigner ce que la loi des hommes et la sagesse

des nations prescrivent. Ce poème indispensable, ce *carmen necessarium*, est tout composé. Il ne reste plus qu'à interroger les rapsodes qui aideront à en réunir les fragments dispersés.

Telle est la pensée qui a inspiré l'auteur. Son but sera atteint si ceux qui l'auront comprise veulent bien s'associer à ses efforts pour la propager et la faire fructifier.

Mai, 1858.

SOMMAIRE DES TITRES.

TITRE I.

DE LA PROPRIÉTÉ RURALE.

TITRE II.

DE L'USUFRUIT.

8. — Fruits périodiques des arbres et des haies.
9. — Arbres à haute tige que le propriétaire fait abattre. Droit que l'usufruitier peut y prétendre.
10. — Assimilation de l'usufruitier au fermier pour tout ce qui concerne la périodicité des coupes et l'aménagement des haies vives.

TITRE III.

RÉGIME DES EAUX.

SECTION I. — Eaux pluviales.

11. — Cas où le droit du premier occupant doit fléchir devant l'intérêt général.
12. — Utilité des plantations autour des dépôts d'eaux pluviales.

SECTION II. — Cours d'eau et puits.

SECTION III.— Défenses contre la mer et les dunes.

TITRE V.

SERVITUDES DE POLICE.

TITRE VI.

DU LOUAGE.

SECTION I. — Bail a loyer.

SECTION IV. — Louage des services.

SECTION V. — Louage d'ouvrage.

TITRE VII.

GLANAGE ET PATURAGE.

SECTION I. — Du glanage.

SECTION III. — Cantonnements.

112. — Origine des cantonnements de pâturage avec ou sans
réciprocité de parcours.

113. — Le parc des moutons est un obstacle insurmontable
à l'exécution des arrêtés qui prescrivent le cantonnement des troupeaux de bêtes à laine.

SECTION IV. — Nuits de parc.

114. — De l'usage d'attribuer à chaque participant une part
égale des nuits d'été et des nuits d'automne.

115. — Interdiction de mettre au parc des bestiaux qui n'appartiennent pas aux participants. Motif de cette
interdiction.

116. — On ne peut vendre ses moutons pendant la durée
du parc. Mais on n'est pas tenu de remplacer
ceux qui ont péri par maladie ou accident.

TITRE I.

DE LA PROPRIÉTÉ RURALE.

L'étoile (*) placée en tête de la maxime indique une formule provisoire.

1.

Perches à houblon sont meubles.

(Hainaut.)

Cette règle est tirée des chartes de Hainaut (chef-lieu de Mons, ch. 33), où il est dit que les perches mises à usage de houblonnière sont réputées meubles, mais qu'elles doivent demeurer dans les fosses, pour servir de soutien à la plante, jusqu'au moment où le fruit est récolté.

Il doit en être de même des échalas des vignes, parce que ces objets suivent la condition des récoltes pendantes par racines dont ils sont un accessoire nécessaire, jusqu'à ce que les fruits aient été détachés. *Tignum junctum œdibus vineæve, ne concapet ne solvioto.* (Loi des xii Tables. 7.)

2.

*Brandon est signe d'appropriation ou de défense.

(Picardie.)

On appelle brandon une torche de paille tortillée autour d'un bâton fiché dans le sol. Une butte, une levée de terre surmontée d'une branche d'épine ou de tout autre objet disposé de manière à attirer l'attention, manifeste, de la part du propriétaire du terrain où il est placé, l'intention d'une défense, le signe d'une réserve ou d'une appropriation.

Ainsi des trous faits à la bèche à l'entrée d'un champ où il y a apparence de sentier, indiquent que ce sentier est défendu (1). Les mêmes marques

(1) *Coutume locale de Baralle et Buissy*, *art.* 80 *:* est acoustumé que le messier faiche enseigne sur l'entrée des quemins, parcoy les gens se percheivete de le défense, et que on ne s'en puist mie excuser, et aussy à l'entrée des faux quemins. (*Cout. loc. du bailliage d'Amiens*, tome ii, p. 460.

de défense, dans un chaume où il y a de jeunes prairies artificielles, signifient que ces prairies sont interdites aux bestiaux et à l'exercice de la vaine-pâture.

Tels sont encore les poteaux indicateurs des chasses louées et réservées; tels sont enfin les rameaux verts plantés au milieu des pièces de lins vendus sur pied, pour avertir que la récolte, quoique pendante encore par racines, n'appartient plus au propriétaire du fonds, et a cessé d'être comprise dans la classe des biens régis par l'article 520 du code Napoléon.

Ainsi, ce qui était autrefois le signe de la saisie-brandon, est aujourd'hui un signe qui, jusqu'à un certain point, a pour effet de l'empêcher.

3.

Les pigeons hors du colombier
En temps clos sont gibier.

L'article 2 de la loi du 4 août 1789, considère les pigeons sous un double rapport. 1.° les pigeons doivent être enfermés aux époques fixées par les communautés, et pendant toute la durée de la défense, ils sont considérés comme gibier, c'est-à-dire que tout propriétaire a le droit de les tuer sur son terrain et de s'en emparer ; 2° en tout autre temps , les pigeons rentrent dans la classe des autres animaux domestiques que nul ne peut détruire sans commettre une infraction, mais s'ils causent des dégâts, le propriétaire qui les trouve sur son terrain peut encore les tuer et les laisser sur place, sans pouvoir s'en emparer.

Les conseils municipaux n'usent pas généralement de la faculté que la loi leur accorde de prescrire la fermeture des colombiers pendant les semailles et la moisson , car il est reconnu que , dans les lieux où cette mesure est appliquée avec rigueur, les propriétaires aiment mieux se débarrasser de leurs pigeons que de les tenir enfermés. Autant vaudrait en ordonner la destruction.

4.

* Courir après , faire du bruit,
C'est réclamer l'essaim qui fuit.

Le propriétaire d'un essaim , aux termes de l'article 6 , section 3, titre 1er de la loi du 28 septembre

1791 , a le droit de le réclamer et de s'en ressaisir tant qu'il n'a pas cessé de le suivre , autrement l'essaim appartient au propriétaire du terrain sur lequel il s'est fixé.

D'après un usage à peu près général , lorsqu'un essaim quitte la ruche , le propriétaire le suit à vue, en frappant sur un instrument en cuivre ou tout autre corps sonore , pour manifester son intention de le réclamer.

Cette pratique n'a pas pour but, comme on le croit généralement, de forcer les abeilles à s'arrê-ter , mais d'avertir le public qu'on fait acte de pro-priétaire.

5.

Tout ce qui vient à la haie est proie.

« Le sens de cette règle est , ce semble , que les
» fruits sauvages qui viennent aux haies appar-
» tiennent au premier qui les prend (Institutes de
» Loisel , édit. Dupin et Laboulaye , n° 282.) »

Ceci ne peut s'entendre que des haies qui bordent la voie publique , où il est permis au premier pas-sant de prendre et de cueillir tout ce qui est à la portée de la main , excepté les fruits qui ne peuvent être atteints que par un effort du bras pour abaisser les branches, car alors il y aurait un fait susceptible de causer du dommage au propriétaire de la haie.

6.

Le fruit sauvage est au passant,
L'arbre au maître du champ.

(Lorraine.)

« Les fruits sauvages, en lieux non clos, qui
» tombent naturellement ou par la violence des
» vents , sont fruits de vaine-pâture et communs à
» tous les habitants d'un finage , mais les arbres
» qui portent ces fruits appartiennent au proprié-
» taire du champ où ils sont plantés : de-là la
» maxime : *le fruit sauvage est au pauvre homme et*
» *l'arbre au seigneur du fonds.* » (Coutumes de la
Gorze , titre XVI, art. 13, 31, 33 — de Saint-Mihiel,
titre XIII, art. 14 et 15).

7.

Sur mon terrain, j'ai droit à la dépouille
Du fruit tombé de l'arbre qui me mouille.

(Westphalie.)

Cette maxime est la traduction du proverbe allemand : *der den boesen tropfen geniesset, geniesset auch den guten.*

Celui sur la propriété duquel avancent les arbres du voisin, peut-il s'approprier les fruits des branches dont il souffre l'égoût ? Peut-il ramasser ceux qui tombent naturellement sur son terrain ? telle est la question complexe que fait naître l'interprétation de l'article 672 C. N. La jurisprudence la résout d'après les principes généraux du droit, sans avoir égard aux anciens usages qu'elle considère comme ayant été abrogés par la loi du 30 ventose an XII.

On ne saurait douter que ces usages, qui sont au nombre de quatre, dont deux diamétralement opposés, ne proviennent de deux sources différentes.

Le premier, qui accorde au propriétaire de l'arbre un droit de suite sur les fruits, est conforme à la règle de la Loi des XII Tables : *si glans in vicini fundum caduca siet, domino legere jus esto.* Même encore aujourd'hui, dans deux cantons de la Somme, chacun recueille, sans contestation, les fruits de l'arbre planté sur son terrain, lorsque les branches pendent sur celui du voisin.

Le second est fondé sur ce principe du droit ger-

manique que les fruits sont le dédommagement du
préjudice occasionné par l'extention des branches
dont on n'exige pas le retranchement. Ainsi, l'usage
du canton de Ruc (Somme) et l'article 19, rubrique
X de la coutume d'Alost, autorisent le voisin à couper les branches des arbres qui avancent sur son
fonds, et même à cueillir les fruits qui y pendent,
sans l'agrément du propriétaire de l'arbre, car,
par le droit saxon, dit Basnage, les branches qui
pendent sur le voisin lui appartiennent comme
aussi les fruits. (Coutume de Normandie, tome II,
p. 497).

Le troisième, plus général, admet le partage par
moitié entre le propriétaire de l'arbre et le voisin,
des fruits provenant des branches qui avancent.
Tel est le droit reconnu par les coutumes du bailliage de Bassigny, titre XVI, art. 193, de Bergues
Saint-Vinox (Nord), titre XV, art. 33, de la Gorze,
titre XIII, art. 47; locale de Marminhac (Haute-
Auvergne), art. 1er.

La coutume de Clermont en Argonne, ch. XIX,
art. 12, n'accorde au voisin que le tiers des fruits,
moyennant quoi il est obligé de souffrir que le propriétaire en vienne faire la récolte sur son fonds.

La loi romaine laissait trois jours au propriétaire de l'arbre pour aller les ramasser, en payant toutefois une indemnité.

Quelques coutumes de l'Allemagne, entr'autres le weisthum de Schwelm (Westphalie), attribuent aussi au voisin la moitié des fruits pour l'indemniser de la servitude de passage. (Grimm, *Weisthümer*, tome III, p. 29, § 4.)

Enfin, un quatrième usage révélé par six commissions cantonales de la Somme, est celui qui se concilie le mieux avec le principe posé en l'article 547 du Code Napoléon, car il laisse au propriétaire de l'arbre les fruits qui pendent aux branches et n'abandonne au voisin que ceux qui tombent naturellement sur son héritage. Par conséquent, celui-ci n'est pas autorisé à les faire tomber où à les détacher des branches. Le propriétaire doit s'arranger de façon à les cueillir sans quitter son terrain.

Cet usage, dont on trouve aussi des exemples dans la Westphalie, n'est pas seulement le plus général, il est aussi le plus équitable. On ne saurait, en effet, contester au voisin le droit de recueillir les fruits qui tombent naturellement sur sa propriété, car selon la naïve expression du weisthum de Rietberg : *celui qui supporte les mauvaises gouttes en doit être récompensé par les bonnes.* (Grimm, *ut suprà*, tome III, page 106, art. 37.)

TITRE II.

DE L'USUFRUIT.

——————

8.

* L'usufruitier coupe et taille, en saison,
Tout ce qui pousse autour de la maison.

(Flandre.)

L'usufruitier d'un héritage rural peut prendre , sur les arbres et les haies , les produits annuels ou périodiques , suivant l'usage du pays ou la coutume des propriétaires. (C. N., art. 593.)

9.

L'usufruitier ne touche aux troncs
Des arbres plantés sur le fonds.

L'usufruitier ne peut toucher aux arbres de haute futaie croissant sur les héritages soumis à l'usufruit. Il peut seulement employer , pour faire les réparations dont il est tenu , les arbres arrachés ou brisés par accident. (C. N., art. 590.)

Mais les branches des arbres que le propriétaire fait abattre ou qui tombent par accident appartiennent à l'usufruitier, jusqu'à la couronne, c'est-à-dire jusqu'à l'endroit où la serpe a passé, quand l'arbre était debout. A cet égard, son droit n'est pas différent de celui du fermier, ainsi que le constate l'art. 9, rubrique VII de la coutume de Courtrai :

> « Le propriétaire peut faire abattre le bois crois-
> » sant sur l'héritage affermé sans que le fermier ait
> » aucun droit à prétendre, ni à la toison, ni aux
> » branches, plus loin que là où la hache ou la serpe
> » a passé, lorsque les arbres étaient debout. »

10.

*La serpe de l'usufruitier
Règle les fagots du fermier.

(Picardie. — Artois.)

L'usufruitier et le locataire d'un héritage rural ont le même droit et les mêmes obligations pour tout ce qui concerne la jouissance des produits périodiques des arbres et des haies. Ils profitent de l'élagage à la condition de se conformer à l'aménagement établi, et de tenir les haies de clôture en bon état de réparation.

TITRE III.

RÉGIME DES EAUX.

SECTION I.

EAUX PLUVIALES.

11.

Eau morte, le premier l'emporte.

(Droit coutumier.)

Le droit à la jouissance des eaux pluviales n'est réglé par aucune loi, ni par aucun usage, quoique dans les lieux où elles s'écoulent naturellement le long des chemins fréquentés par les bestiaux, elles puissent fournir des irrigations et des dépôts de fumiers précieux pour les champs qui sont à portée de les utiliser. Du vieil adage coutumier : *eau morte, le premier l'emporte*, il semble résulter que le premier venu peut détourner les eaux et les faire entrer dans sa proprité, à la charge de ne point dégrader la voie publique.

Mais dans les hauts pays, dans les communes qui n'ont point de rivière à leur proximité, les dépôts d'eaux pluviales sont un objet de première nécessité, c'est pourquoi la règle que ces eaux appartiennent au premier occupant doit fléchir devant l'intérêt public, lorsque, en les détournant, on les empêche d'arriver dans des réservoirs crées pour l'utilité de toute une population. Les mares communes doivent passer avant celles des particuliers, et les autorités municipales sont fondées à prendre toutes les mesures que commandent les circonstances pour ne pas laisser tarir celles qui sont confiées à leur surveillance.

12.

Toute eau dormante a besoin d'ombre.

Il est reconnu que, dans les terrains marécageux, les arbres absorbent, par le développement de leur végétation, les miasmes délétères qui s'y développent pendant les chaleurs de l'été. Les plantations sont surtout utiles pour la conservation des dépôts d'eaux pluviales, cette précieuse ressource des habitants des hauts pays. Autrefois, il n'y avait, pour ainsi dire, point de mare communale qui ne fût ombragée par des arbres séculaires qu'il était défendu d'abattre ou d'élaguer, parce qu'on les considérait comme un moyen d'empêcher l'évaporation et la corruption des eaux.

13.

*Le frêne, en certaine saison,
Près de la mare est un poison.

On ne saurait apporter trop de précautions dans le choix des essences d'arbres que l'on plante aux bords des mares publiques. On ne devrait pas souffrir dans leur voisinage des espèces telles que le platane et le peuplier de la Caroline dont les efflorescenses mêlées à l'eau peuvent occasionner des angines aux bestiaux qui la boivent, telles surtout que les frênes qui deviennent une cause de mortalité lorsque les cantharides, après en avoir dévoré le feuillage, se détachent et infectent l'abreuvoir où elles tombent.

14.

* La plume des canards enrhume les bestiaux,
  Qui boivent dans leurs eaux.

Il est reconnu que les canards et les oies sont parfois des hôtes dangereux pour les mares où l'on abreuve les animaux domestiques. Non-seulement ils troublent l'eau, mais aussi le duvet qu'ils perdent et qui flotte à la surface, au moment de la mue, lorsqu'il s'introduit dans l'estomac, ou lorsqu'il est seulement aspiré par les narines du bétail, occasionne des accidents graves qu'il est bon de prévenir par des mesures de police.

Les maires, dans beaucoup de communes rurales, ont pris des arrêtés qui interdisent, soit temporairement, soit d'une manière absolue, l'accès des mares publiques, aux canards et aux oies des particuliers.

15.

* Quand la pluie est rare, ménagez la mare.

Aujourd'hui que nous avons les pompes à incendie et des compagnies organisées en vue du service auquel elles sont affectées, nous négligeons ce

qu'il y a de plus indispensable à l'efficacité de leur
action, c'est-à-dire le moyen d'avoir toujours de
l'eau et en quantité suffisante, à la disposition de
l'instrument qui doit la faire servir à combattre un
fléau destructeur.

Autrefois, il y avait, dans chaque localité un
peu importante, une grande mare qui était placée
d'une manière toute spéciale, sous la surveillance
de la police du lieu et à laquelle il n'était pas permis de puiser de l'eau, sans le congé du seigneur,
parce qu'elle était destinée à suppléer à l'insuffi-
sance des autres.

Maintenant, il n'y a plus de mare dont on mé-
nage l'eau pour parer à l'éventualité d'une sécheresse continue, lorsque·les autres mares viendront
à se tarir. La grande mare seigneuriale existe encore, mais la Révolution en la dépouillant de ses
priviléges, l'a forcée de subir la loi de l'égalité.
On y puise pour tous les besoins, notamment pour
des entreprises industrielles. On y laisse accéder
toute espèce de bétail, même les troupeaux de
passage qui peuvent en s'y désaltérant y déposer le
germe d'une maladie contagieuse.

Il est bien à désirer que la disette d'eau qui se

fait sentir, en ce moment, dans les hauts pays, ouvre les yeux des autorités municipales, et les excite à redoubler d'efforts, de vigilance pour assurer la conservation et le bon aménagement des dépôts d'eaux pluviales.

16.

En temps sec, toutes les nuits,
De l'eau à huis.

(Artois).

Cette formule est consacrée par un assez grand nombre de coutumes locales du bailliage d'Amiens, pour exprimer l'obligation qui est imposée à chaque habitant des communes rurales, de placer tous les soirs, en temps de sécheresse, un sceau plein d'eau à la porte de sa maison. Cet usage, assure-t-on, s'observe encore dans le département de l'Oise ; il devrait d'autant moins se perdre que la multiplicité des incendies, commande de ne pas le laisser tomber en désuétude. Les désastres seraient moins considérables si, au premier cri d'alarme, chacun pouvait se transporter sur le théâtre du sinistre, avec le moyen d'en arrêter les progrès.

SECTION II.

COURS D'EAU ET PUITS.

17.

La rivière ôte et donne.

(Droit coutumier).

La rivière ôte par avulsion et ajoute par alluvion aux propriétés qu'elle borde. Le riverain qui perd n'a rien à réclamer à celui qui gagne, parce que l'accroissement insensible du terrain de l'un au détriment de l'autre n'est pas le fait de celui qui en profite, mais le fait du cours d'eau qui les sépare. L'article 557 du Code Napoléon veut que le propriétaire de la rive découverte profite de l'alluvion, sans que le riverain du côté opposé y puisse venir réclamer le terrain qu'il a perdu. Toutefois, lorsqu'une partie considérable et reconnaissable d'un champ riverain a été enlevée par une force subite et portée sur la rive opposée, le propriétaire de la partie enlevée peut la réclamer pourvu qu'il forme son action dans l'année (C. N. art. 559).

5*

L'alluvion , dit Jacob Grimm , dans ses *Anti-quités du droit Allemand* , p. 548, est la terre ou le sable , le gazon ou le gravier qui se détache insensiblement d'une rive pour s'ajouter à la rive opposée. Suivant l'usage du pays de Clèves , entre le Rhin , l'Yssel et le Wael , tout propriétaire riverain d'un cours d'eau peut acquérir l'alluvion de terre et de sable qui s'ajoute à son fonds, à la condition de la faire parcourir lentement et solennellement par une voiture de fumier pesamment chargée. L'ordonnance provinciale de Bavière de 1516 distingue aussi le gazon du gravier. Le gazon muni de racines appartient à celui de la propriété duquel il s'est détaché , mais l'alluvion de gravier demeure acquise au sol où elle est venue s'ajouter. Suivant un document westphalien de 1452 , le propriétaire dont une partie du fonds a été enlevée par la rivière , peut la suivre et tâcher de s'en emparer aussi longtemps qu'elle flotte encore , çà et là, dans l'eau ; mais si cette portion de terre s'est attachée au fonds d'un autre , elle appartient à celui-ci et le propriétaire perd le droit de la suivre.

18.

Le mode de jouir des eaux
Est dans les usages locaux.

(C. N).

Les eaux courantes ne servent pas seulement aux besoins domestiques, elles sont aussi un bienfait pour l'agriculture et l'industrie, un moyen de féconder les propriétés riveraines et une force motrice pour le jeu des usines. C'est pourquoi, lorsqu'il s'élève une contestation entre les propriétaires à qui ces eaux peuvent être utiles, l'article 645 du Code Napoléon prescrit aux juges de concilier l'intérêt de l'agriculture avec le respect dû à la propriété. Dans tous les cas les réglements et les usages locaux sur le cours et l'usage des eaux doivent être observés.

19.

Qui barre la rivière en aval doit curer en amont.

Tous ceux dont la propriété subit l'influence du voisinage d'un cours d'eau, soit à cause de l'utilité qu'il leur procure, soit à raison des dangers auxquels les expose l'encombrement du lit, sont tenus de contribuer au curage proportionnellement à leur intérêt.

Il est juste pourtant que ceux qui retiennent les eaux y contribuent dans une proportion plus forte que ceux qui les abandonnent à leur cours naturel, parce que les eaux retenues, au moyen de barrages, déposent en amont les matières qu'elles charrient ou qu'elles tiennent en dissolution. C'est pourquoi les propriétaires d'usines et de barrages sont tenus de curer la partie supérieure de la rivière jusqu'au point où le remous de leurs vannes se fait sentir.

20.

Qui prend l'eau en amont doit la rendre en aval.

(C. N).

Celui dont la propriété borde une eau courante qui n'est point déclarée dépendance du domaine public peut s'en servir à son passage pour l'irrigation de ses propriétés, et celui dont elle traverse l'héritage peut même en user, dans l'intervalle qu'elle y parcourt, mais à la charge de la rendre, à la sortie de ses fonds, à son cours naturel. (C. N. art. 644).

21.

Du samedi soir au lundi matin,
Le pré qui boit fait chômer le moulin.

(Hainaut.)

Telle est généralement la règle adoptée pour le partage des eaux entre les usiniers et les propriétaires de prairies. Aux époques fixées pour l'irrigation, les usiniers sont tenus de lever leurs vannes, depuis le samedi huit heures du soir jusqu'au lundi cinq heures du matin, temps pendant lequel les irrigateurs font leurs prises d'eau. Il n'y a pas en effet d'autre moyen de concilier ces deux intérêts contradictoires que de leur accorder la jouissance alternative, et dans la mesure de leurs besoins respectifs, d'une chose qui ne profiterait ni à l'un ni à l'autre, si on la leur distribuait simultanément.

Il est à remarquer que l'usage de faire chômer les moulins un jour et deux nuits par semaine a été pratiqué de tout temps sur des rivières qui n'étaient même pas soumises à des prises d'eau pour l'irrigation. L'ancienne coutume de Hainaut, chapitre 63, en fournit un exemple.

« Tous les samedis de l'an , depuis none jusques
» au lundi après soleil levant, et toutes les octaves
» de l'an, chacun sera tenu de laisser courir les
» rivières, ledit temps durant, sur l'amende de 60
» sous. »

Cette mesure n'avait pas seulement pour objet
de forcer le repos du dimanche et des fêtes consa-
crées ; elle avait aussi pour but de laisser aux eaux
rendues à leur liberté, le temps de nettoyer le lit
de la rivière, d'en enlever les dépôts limoneux que
la retenue des cinq jours précédents pouvait y avoir
accumulés.

22.

Qui a droit de puisage a droit de passage.

(Droit romain.)

C'est la règle du droit romain : *qui habet haus-
tum, iter quoque ad hauriendum habere videtur.*
L'article 696 du Code Napoléon la donne comme
exemple du principe qu'il consacre :

« Quand on établit une servitude , on est censé
» accorder tout ce qui est nécessaire pour en user.
» Ainsi, la servitude de puiser de l'eau à la fon-
» taine d'autrui, emporte nécessairement le droit
» de passage. »

Ce cas se présente assez fréquemment dans les campagnes. Lorsque les sources sont à une très-grande profondeur, les puits des particuliers servent aux besoins de plusieurs ménages, de sorte que l'un en jouit à titre de propriétaire et les autres à titre de servitude.

23.

Qui use du puits contribue à la corde.

(Picardie.)

Cette règle s'applique aux puits communaux proprement dits. Les grosses réparations sont à la charge de la commune ; mais les frais de cordes et de chaînes sont supportés par les usagers. La dépense se couvre au moyen d'une cotisation annuelle très-modique, ou d'une quête à domicile faite par le garde champêtre, sur l'ordre du maire, quand il y a quelque chose à payer.

24.

* Puits de quartier n'est commun qu'au voisinage.

(Picardie.)

Les puits de quartier sont ceux qui ont été établis originairement sur un terrain communal ou sur la voie publique par les habitants du voisinage. Les participants forment entr'eux des espèces d'associations régies par un ou plusieurs syndics; et la contribution aux frais d'entretien, se répartit tantôt par ménages, tantôt par têtes d'habitants et de gros bestiaux, à raison de la consommation présumée de chaque maison.

L'autorité municipale intervient rarement pour régler les obligations des sociétaires. Ces obligations sont plutôt réelles que personnelles, car le droit de prendre de l'eau est inhérent à l'habitation plus qu'à la personne. Le changement de domicile le fait perdre dans un quartier et acquérir dans un autre.

Peu de coutumes se sont occupées de cette matière. La loi municipale de Malines du mois de juillet 1535 établit une base de contribution qui paraît rationnelle :

« Art. 46 : Lorsqu'un puits commun est à faire
» ou à réparer, tous les voisins qui veulent avoir
» l'usage de l'eau sont tenus d'y contribuer propor-
» tionnellement à l'étendue et à l'importance de
» leur ténement, *pro magnitudine, rationeque suo-*
» *rum fundorum.* Mais ceux qui ont des puits dans
» leurs maisons ne doivent payer que la moitié de

» la taxe à laquelle ils seraient imposés s'ils n'en
» avaient pas. »

La même base est adoptée par l'article 48 d'un statut qui fait suite à la coutume de Bruxelles :

« Ceux qui ont leur héritage auprès des puits si-
» tués sur la rue ou nouvellement établis paient la
» plus forte partie des frais, et proportionnellement
» à l'étendue de leur façade ; ceux dont les héri-
» tages sont plus éloignés, paient une part moindre.
» Ceux qui ont des puits dans leurs maisons ou des
» jardins sans puits, paient la moitié de la taxe im-
» posée aux maisons sans puits ; ceux qui ont des
» jardins avec des puits de valeur, ne paient que la
» quatrième partie. »

Le même statut (art. 63), quand il s'agit de puits communs à plusieurs particuliers, assujettit les participants à une taxe uniforme, excepté lorsque l'un d'eux exerce la profession de boulanger, de brasseur, de teinturier ou d'étuviste, auquel cas celui-ci est obligé de payer les frais d'entretien proportionnellement à la quantité d'eau qu'il consomme dans son industrie.

SECTION III.

DÉFENSES CONTRE LA MER ET LES DUNES.

—

25.

Les endigueurs contre la mer,
Votent la loi de leur polder.

(Droit romain.)

*Sodales legem quam volent, dum ne quid ex publi-
câ corrumpant, sibi ferrunto.* (Loi des XII Tables, 8.)

Les sociétés d'endigueurs qui se forment pour la protection et la défense des terrains qu'elles ont conquis sur la mer, ne se bornent pas à régler entr'elles la répartition de la dépense que nécessite l'entretien des digues et des canaux de desséchement. Elles font aussi des règlements de police et de sûreté, auxquels sont obligés de se conformer tous ceux qui habitent leur territoire, lorsque ces règlements ont été approuvés par l'autorité administrative.

26.

* Tout impôt des digues embrasse
Les terrains que la mer menace.

(Picardie. — Hollande.)

Tous les propriétaires des bas-champs situés
dans l'enceinte d'un polder sont obligés de contribuer à la réparation et à l'entretien des digues,
proportionnellement à leur intérêt, parce que ces
digues sont une garantie de protection et de sûreté
pour tous les terrains qui seraient exposés à être
inondés, si elles venaient à être emportées par la
violence des flots.

C'est pourquoi les statuts des associations d'endigueurs sont de véritables lois de salut public qui
ne souffrent ni retard dans l'exécution des mesures qu'elles prescrivent, ni négligence dans l'ob-
servation des devoirs qu'elles imposent. L'impôt
des digues s'adresse toujours au détenteur de la
chose imposée, au fermier plutôt qu'au propriétaire, car celui-ci ne reçoit son revenu que dé-
duction faite des sommes payées en son acquit,
pour des dépenses qu'il ne peut désapprouver puisqu'elles sont censées votées avec sa participation.

C'est pour cela, sans doute, que dans les assemblées de participants de la Hollande, les votes se comptent par fractions de propriétés et non par têtes de propriétaires, de telle façon qu'un propriétaire qui possède à lui seul les deux tiers d'un polder, est toujours sûr de donner la majorité à l'opinion qu'il défend. Aussi le projet définitif de code rural a-t-il cru devoir proposer un système de votation qui rentre parfaitement dans l'esprit de la législation hollandaise sur la matière, en donnant aux propriétaires intéressés le droit de régler entre eux, à la pluralité relative des suffrages, le nombre des votes qui devraient être attachés à chaque propriété, à raison de son étendue combinée avec l'avantage qu'elle doit retirer des travaux. (Verneilh, *Projet de code rural*, tome IV, p. 632, art. 448, § 2.)

27.

* Dune plantée,
Terre endiguée.

(Picardie, Flandre, Hollande.)

Si les dunes sont une barrière naturelle contre

les flots de l'océan, à cause de leur élévation, elles sont aussi un danger, à cause de leur mobilité. De même que les digues à la mer sont une défense pour les bas-champs du littoral, contre les hautes marées d'équinoxe, les plantations des dunes sont un obstacle à l'invasion des sables que les vents poussent incessamment sur les terres.

Si les dunes, si ces masses mobiles que Montaigne, dans son langage naïf, appelle *les fourriers de la mer*, sont moins dangereuses dans les contrées du Nord que dans le voisinage du golfe de Gascogne, cela tient sans doute à ce que les habitants de la Picardie, de l'Artois, de la Flandre et des Pays-Bas ont connu de très-bonne heure l'art de les fixer par des plantations. De tout temps l'oyat a été considéré comme la plante protectrice des propriétés voisines des plages aréneuses de la Manche et de la mer du Nord. C'est pour cela que la coutume locale de Berck, canton et arrondissement de Montreuil-sur-Mer, rédigée en 1507, défend, sous peine d'une amende de 10 sous parisis, de couper ou arracher les lesques (oyats) qui *croissent dans les sables et les empêchent de voler, gagner ou emprendre* sur ladite ville de Berck. *(Coutumes loc.*

6*

du baillage d'Amiens, tome II, pag. 607, art. 5.)

Le *Réglement du grand canal de Blankenbergue,* art. 40, et celui du *territoire de Kamerling,* art. 38, défendent, sous peine d'une amende de 30 livres et de punition corporelle, à la discrétion des échevins du Pays du Franc de Bruges, de couper ou d'arracher les épines qui sont dans les dunes, au-delà ou aux environs des dunes. (Le Grand, *Coutumes et lois de la Flandre,* tome II, pages 148 et 160.)

Un ancien usage qui est encore pratiqué dans le Boulonnais, autorise le riverain d'une dune à planter les endroits les plus dangereux de cette dune pour se garantir de l'invasion des sables, en y faisant ce qu'on appelle une *houblée,* c'est-à-dire une plantation assez épaisse pour les arrêter dans leur marche.

Telles sont encore les plantations connues sous le nom de *voorhoofden* ou *voorplantingen,* dans le district de Bois-le-Duc, qui ont été signalées par la Commission consultative des Bouches-du-Rhin, en 1811.

Les propriétaires, en vertu des édits des ducs de Brabant et de leurs états-généraux, lorsqu'ils sont riverains des biens communaux, ont droit de faire, sur ces mêmes biens, le long de leurs propriétés, à une distance qui varie de 60 à 120 pieds, des plantations qui ont une très-grande utilité, non-seulement parce qu'elles produisent une quantité considérable de bois à brûler, mais aussi parce qu'elles protègent les propriétés contre les vents des bruyères, abritent les semailles de blé et de sarrazin contre les gelées, et servent à fixer les sables mouvans auxquels elles opposent une barrière de verdure qui donne un aspect riant au pays. (Verneilh, *ut suprà*, tome IV, p. 105.)

L'association syndicale du Marquenterre, canton de Rue, arrondissement d'Abbeville, consacre, chaque année, une partie des ressources de son budget à faire des plantations d'oyats sur la partie de dunes de Saint-Quentin la plus voisine des bas-champs. Ces plantations sont destinées à former une digue contre les sables et à protéger les propriétés menacées.

Il n'existe, sur les mesures à prendre pour la fixation des dunes, que le décret fort peu connu du 14 décembre 1810, dont l'article 5 donne le droit au gouvernement de planter les dunes des particuliers, lorsque ceux-ci s'y refusent, et de jouir des plantations jusqu'à ce qu'il soit remboursé de ses avances par les propriétaires. Mais le texte de ce décret ne se trouve dans aucune collection de lois.

TITRE IV.

SERVITUDES ET RAPPORTS DE VOISINAGE.

SECTION I.ᵉʳ

BORNAGES.

28.

* Action en mesurage et bornage
Est un procès avec le voisinage.

Aux termes de l'article **646** du Code Napoléon,
tout propriétaire peut obliger son voisin au bornage
de leurs propriétés contiguës. L'opération se fait
à frais communs.

L'exercice de ce droit, a très-souvent pour conséquence la mise en cause de tous les propriétaires

du voisinage dont les fonds ne sont point bornés d'une manière certaine. On les assigne afin qu'ils aient à produire leurs titres , pour que la perte ou le gain résultant de l'arpentage général, soit réparti proportionnellement au droit de chacun d'eux.

Ces sortes de demandes deviennent d'autant plus fréquentes , que le morcellement des propriétés et les changements de propriétaires favorisent des anticipations clandestines qui jettent la confusion dans les abornements et nécessitent l'intervention de la justice.

29.

Borne sincère à ses témoins.

(Champagne).

Le signe de la délimitation s'établit aux angles de la ligne de séparation , c'est-à-dire aux points saillants et rentrants qui dessinent les contours de la pièce de terre. On se sert , le plus ordinairement de pierres dures , de grès ou de pieux en chêne enfoncés dans un trou rond que l'on remplit avec des silex. L'antique usage de déposer sous les bornes des morceaux de verre , de charbon , des vieux clous, de la ferraille, pour en indiquer la destination, existe encore dans quelques pays, notamment dans l'arrondissement de Reims, où il a été constaté par les commissions cantonales. Quelquefois aussi des fragments de silex disposés symétriquement au pied de la pierre bornale lui servent de *témoins*, en ce sens qu'en les réunissant on acquiert la preuve que leur présence n'est point un effet du hasard.

Le *livre rouge d'Arras* décrit ainsi les formalités qui accompagnaient le posage des bornes.

« L'arpenteur, du consentement des parties, fen-
» dra un caillou en deux, le plus proprement qu'il
» pourra, afin qu'il puisse rejoindre les deux parties
» ensemble ; sur l'une des deux parties, il fera si-
» gner les gens de loi avec une épingle jaune ; sur
» l'autre, l'arpenteur écrira son nom et qualité et
» après rejoindra les deux parties du caillou en-
» semble, et posera ledit caillou au fond du trou au
» dessous de la borne. » (M. CLÉMENT, *Usages locaux du Pas-de-Calais*, p. 347 n.° 224).

Dans l'intérieur de l'Allemagne, les pierres, les charbons et les clous étaient aussi les signes carac-téristiques de la borne de foi.

« Lorsque nous plaçons une borne, disent les
» échevins, dans les statuts de Winterbach et de Plü-
» derhaus, nous y entaillons une croix et y joignons
» quatre pierres en témoignage et nous cassons les

» pierres de telle sorte qu'elles puissent se raccor-
» der ensemble. » (GRIMM, *Antiq. du droit Allemand*
p. 543 et suiv.

« Les opérations du bornage, ajoute plus loin le
» même auteur, p. 545, avaient lieu, assez fré-
» quemment en présence des enfants. On leur tirait
» les oreilles, on leur donnait des soufflets ou on les
» poussait sur les pierres nouvellement plantées afin
» qu'ils conservassent, toute leur vie, le souvenir
» de ce qui s'était passé devant eux. »

30.

* Borne authentique est enchaînée.

Voir l'article précédent.

Depuis que l'art de la géométrie a trouvé le secret
de fixer l'emplacement des bornes au moyen de
l'opération de l'enchaînement, il n'y a plus de
bornes incertaines que celles dont la situation n'a
pas été déterminée par un procès-verbal d'arpentage régulier.

« Lorsque l'on veut, dit M. CLÉMENT, dans son
» excellent *Essai sur les usages locaux du Pas-de-*
» *Calais*, p, 16, n.º 18, lorsque l'on veut rendre une
» borne immuable, ou bien retrouver son ancien
» emplacement, quand elle a disparu, il faut prati-

» quer ce que les gens de l'art appellent un *enchaî-*
» *nement.* Cette opération se fait en constatant la
» distance qui existe entre cette borne et les bornes
» environnantes. S'il arrive que cette borne soit
» enlevée, il est facile de retrouver la place qu'elle
» occupait, en mesurant les distances qu'elle avait
» par rapport à ses voisines ; et l'endroit où toutes
» les bornes se réunissent en un seul point, est l'em-
» placement de la borne disparue. »

Ainsi, de jour en jour, se perdent les usages qu'on observait autrefois pour le placement et la vérification du signe de la délimitation. Le défaut d'instruction, l'ignorance de l'écriture les avaient introduits, le progrès de la civilisation et des sciences exactes ne peut tarder à les faire disparaître. Les plans terriers, les procès-verbaux d'arpentage sont des *témoins* plus dignes de foi que ceux qu'on plaçait sous la pierre bornale.

31.

Le pied saisit le chef.

(Droit coutumier).

Le terme ou rideau qui sépare deux héritages est présumé appartenir au propriétaire du terrain su-

7.

périeur aussi loin qu'il peut étendre les pieds, quand il est assis sur la crête du rideau. (Cout. locale de Saint-Clément (Haute-Auvergne).

Cet usage existe dans bien d'autres pays que l'Auvergne. Il est aussi constaté pour les départements de la Somme, du Pas-de-Calais et de la Marne, où il est connu sous le nom de *l'usage des pieds pendants* ou de *la jambe pendante*. Mais il n'est général dans aucun des pays où il est observé. Ainsi, dans la paroisse de Deyren (Haute-Auvergne), le terme qui est entre terre et pré, appartient au propriétaire du pré ; l'article 330 de la coutume de la Marche, à défaut de titre ou de possession contraire, attribue également le *tertre* et le *gorse* au propriétaire du pré.

Aucune des provinces du Nord, n'a de règle certaine et invariable sur ce point. Dans plusieurs cantons, la préférence est pour le propriétaire supérieur, dans d'autres pour le propriétaire inférieur. On accorde le rideau, tantôt pour la totalité, pour la moitié ou pour un tiers à celui-ci, tantôt pour la totalité, pour les deux tiers, pour la moitié à celui-là, ou bien on restreint le droit du propriétaire supérieur à la distance des *pieds pendants*. En semblable matière, les circonstances locales sont la cause déterminante de l'usage. En effet, dans beaucoup de communes, le talus du rideau n'a souvent qu'un mètre à deux mètres de hauteur ; dans ce cas, la raison veut qu'il appartienne à celui dont il soutient la terre. Mais si le rideau a une pente assez étendue pour permettre d'y faire des plantations, il est plus naturel de l'attribuer au propriétaire d'en bas, pour la presque totalité, parce que celui-ci, lorsqu'il l'exploitera, pourra abattre les arbres ou récolter les fruits, sans les faire tomber sur le voisin. Il en doit être de même lorsque le rideau aboutit à un chemin public, car on doit préférer le mode d'attribution qui exclut la nécessité d'une servitude.

La règle : *le pied saisit le chef*, reçoit encore son application, lorsque le cadavre d'un homme assassiné est trouvé couché en travers sur la limite de deux juridictions. Le droit de rechercher le coupable appartient aux officiers de la justice du lieu où reposent les pieds de la victime, parce qu'elle est présumée avoir été frappée étant debout. (*Institutes coutumières de Loisel*, édit. Dupin et Laboulaye, tome I, page 262, n.° 256).

32.

Qui bâtit borne.

(Droit coutumier.)

Cette règle n'est absolue que pour les constructions des villes où la mitoyenneté des murs séparatifs est forcée. A la campagne, les bâtiments ne marquent point la limite, mais ils servent à la faire reconnaître.

Ainsi, aux termes de l'article 12, titre XV, de la coutume de Bergues-Saint-Vinox :

» Les gouttières qui tombent des toîts d'escailles
» ou de tuiles font connaître que le propriétaire de
» la maison a un demi pied d'héritage en dehors
» de ses murs, ou un pied si le toît est en chaume. »

Il est, en effet, d'usage quand on bâtit à la campagne de se retirer un peu sur soi, de manière à ce que les eaux des toitures tombent à peu près sur la limite. Le pan de mur supposé droit, le fil à plomb partant de l'extrémité du toît et tombant sur le sol, fixe l'étendue du terrain intermédiaire laissé pour l'égoût.

33.

Quiconque fait droit pignon est présumé avoir
pris toute sa terre.

(Picardie, Artois.)

Cette maxime est la reproduction textuelle de
l'article **19** de la coutume de la ville et échevinage
de Montreuil-sur-Mer :

» Quiconque fait droit pignon, contre son voisin,
» il est reputé avoir pris toute sa terre, s'il n'appert
» du contraire. » *(Cout. loc. du bailliage d'Amiens,*
tome II, page 600)

» Pour faire un droit pignon de briques ou de
» pierres, on ne laisse point de gouttière ; mais on
» est libre de prendre tout son terrain du milieu
» des bornes. » *(Livre rouge d'Arras.)*

Il en est de même lorsqu'on construit un mur de
clôture sans saillie ni gouttière. Dans ce cas comme
dans le précédent, la ligne formée par la face exté-
rieure du mur, est, jusqu'à preuve contraire, l'indication de la limite.

7*

34.

L'aiguille du poteau limite les voisins.

(Picardie.)

Lorsque deux voisins sont séparés par une palissade ou paroi en torchis, il est d'usage de prendre, pour base de la ligne séparative, l'aiguille de la sole qui, s'agraffant dans le poteau de la cloison, fait saillie à l'extérieur.

35.

Qui a les branches a le tronc,
Qui a la souche a le fonds.

On applique cette règle, pour déterminer la séparation des héritages non clos ni bornés, sur la longueur, mais qui aboutissent à une même ligne de plantations. Lorsque les titres font défaut, on interroge les anciens du pays, ou bien on se renseigne auprès des ouvriers qui ont fait l'élagage. La position, la forme, et l'essence des souches et des arbres, ainsi que l'âge des pousses sont autant de signes de reconnaissance pour ceux qui les ont recépés. On arrive par ce moyen à fixer le point extrême de la jouissance des deux parties, et par conséquent à fixer la ligne perpendiculaire à ces plantations qui fera la division de leurs propriétés respectives.

36.

Les pieds-corniers, dans les champs, dans les bois,
Bornent toujours deux côtés à la fois.

Picardie, Artois.

Les pieds-corniers sont de vieilles souches placées à l'extrêmité des héritages, ou des épines plantées dans les champs en guise de bornes. On les appelle ainsi parce qu'ils servent à indiquer le point de jonction de deux lignes séparatives dont l'angle présente la figure d'une corne. Les pieds-corniers se distinguent des éperneaux, en ce que ces derniers, par leur correspondance entr'eux, marquent la continuation d'une même ligne et servent à la rectifier.

» Il y a des endroits, en Picardie et ailleurs, dit
» le *Livre rouge d'Arras*, où, au lieu de borne, on

» plante une épine blanche qu'on ne peut ôter ni
» déranger une fois reprise, sans que l'on s'en
» aperçoive aisément. On la laisse monter jusqu'à
» une certaine hauteur, pour que les chevaux
» puissent passer facilement dessous et qu'elle ne
» forme qu'un petit arbre de sept pieds. »

37.

Les éperneaux sont jalons d'arpenteurs.

(Boulonnais, Flandre.)

La délimitation des propriétés closes de haies
vives se fait au moyen de l'échantillonnement, c'est-
à-dire en prenant pour base de l'opération les vieilles
souches d'épines blanches, et en admettant la ligne
séparative sur le plus grand nombre.

» Se aucunes haies sont entre aucuns jardins
» sans bournes, et question se meut entre parties,
» on se doit fonder sur les anciennes épines portant
» lingne de l'une à l'autre. » (Coutume de Boulonnais
art. 173.)

» Anciens fossés et blanches épines sont reputés
» *assens* (signes de limite) entre héritages circon-
» voisins. » (Coutume de Lille ch. 27 art. 2. — Douai
et Orchies, *censes et louages* art. 4.)

38.

* Les éperneaux , dans les bois , dans la haie ,
Sont les garants de la limite vraie.

(Boulonnais.)

Les éperneaux, sur la lisière des bois ainsi que ceux qui sont dans les haies de clôture, servent à déterminer la distance du rejet, mais ne sont pas nécessairement la marque de la ligne séparative. C'est pourquoi, il est de règle, parmi les arpenteurs, que les éperneaux ont leur garant de 50 centimètres à partir du milieu de la souche et que c'est à cette distance que doit être fixée la ligne divisoire.

C'est en effet ce qui résulte de l'article 17, rubrique XIII, de la coutume d'Audenarde :

» Dans les haies où il y a quelques vieilles souches
» d'épines blanches , celui qui a droit dans ces haies
» ne peut prétendre de droit plus étendu que d'un
» pied et demi pour en prendre sa hauteur. »

» Si aucunes divisions sont entre bois sans bournes,
» et sans fossés et il y ait hayes anciennes d'aucuns
» bois c'est à savoir grosses épines, hêtres, charmes
» ou autre bois, on se doit fonder sur celles qui
» portent lingne de l'une à l'autre ; et doivent estre

» icelles haies pour moitié à chacune des parties.
(Coutume de Boulonnais art. 175.)

39.

* Chemins verts , chemins blancs
  Sont chemins différents.

(Flandre , Boulonnais , Picardie).

Il y a une distinction très-importante à faire entre les uns et les autres, par rapport au droit des riverains.

Lorsqu'il s'agit de l'application des titres sur un terrain litigieux , l'arpenteur a besoin de savoir ce qu'il doit y comprendre ou en retrancher, afin de donner à chacun la juste part qui lui revient. Il faut qu'il soit édifié sur la nature des anciens chemins , qu'il ne confonde pas les chemins de pâturage ou de communication de village à autre, avec les simples chemins d'exploitation ; enfin qu'il interroge les coutumes et les usages des différents pays pour connaître la largeur qu'ils comportent.

Quelques coutumes flamandes, notamment celles d'Alost et d'Audenarde , avaient adopté pour règle que tous les chemins , même les sentiers , ne devaient pas être compris dans la mesure des propriétés riveraines.

« Tous les chemins et les rues ne concernent
« point les terres, c'est pourquoi dans les ventes
« et livraisons, ils sont défalqués de la mesure.

(Cout. d'Alost, rub. x art. 9.)

« Dans les mesures des terres, des bois et des
« prairies vendues et estimées, l'on a coutume de
« déduire la largeur d'un chemin commun ou du pas
« de l'homme qui est au moins de 3 pieds, pour le
« moindre chemin ; pour un chemin commun à
« l'église, de conduite au marché, 5 pieds ; pour
« un chemin où l'on mène une vache par la corde
« 10 pieds etc., etc., *(Cout. d'Audenarde,* rub.
xiv, art. 21.)

En Picardie, on a l'habitude de distinguer les
chemins ruraux, en *chemins verts* et *chemins blancs.*
Les chemins blancs sont ceux auxquels on ne laisse
que la largeur nécessaire au passage d'une voiture,
et qu'on peut traverser impunément avec la charrue,
lorsque les terrains aboutissants appartiennent à
une même exploitation. Il n'est pas rare, quand ils
font la séparation de deux propriétés, de trouver
la borne au milieu de la voie, ce qui semble indiquer que la moitié de cette voie doit être comprise
dans la contenance des deux champs limitrophes.

Les chemins verts sont ceux qui ont été établis pour faciliter la circulation des troupeaux et les communications de commune à commune. Ils étaient, sous l'empire du droit coutumier, grevés de la servitude de flégard, en ce sens qu'on ne pouvait labourer, sur ces chemins, qu'à la distance *de trois raies pour doubte que la terre labourée ne gagne sur le chemin. (Cout. de Boulonnais*, art. 159). Mais des anticipations successives, favorisées par l'incurie des autorités locales, les ont tellement rétrécis que souvent il est impossible de les distinguer des autres chemins. Ceux-là ne devraient jamais être compris dans la contenance exprimée en l'arpentage.

L'incertitude qui existe aujourd'hui sur la nature, la largeur et les abornements des chemins ruraux, jette la confusion dans le droit des propriétaires riverains, qui se trouvent avoir plus ou moins que la contenance de leurs titres, selon le système qu'on adopte dans les opérations de mesurage et de bornage. Dans certains cantons, les arpenteurs, conformément à un usage qui était général avant 1789, comprennent, dans les propriétés des particuliers, la moitié des fossés, ravins et chemins qui les

bordent ; dans d'autres cantons, on déduit de la
contenance, la moitié des chemins ruraux , quelle
qu'en soit la nature ou la destination. Cependant,
ceux qui ont été créés pour la commodité d'une
communauté d'exploitants , ne devraient jamais
être défalqués de la contenance , par la raison que
ces voies d'utilité privée , ne constituent pas une
servitude au profit du public , mais un droit de
copropriété par suite duquel chaque riverain est
présumé avoir abandonné une partie de son terrain
pour être incorporée au passage destiné à la desserte
de tous les héritages voisins.

C'est là un des points sur lesquels doit se porter
l'attention du législateur. S'il n'est pas possible
d'établir une règle uniforme , au moins faut-il que
les usages soient constatés , par des actes de notoriété , dans toutes les communes de l'Empire.

SECTION II.

SERVITUDES DE DISTANCE.

40

Les anciens bois ne doivent pas de gouttière.

(Picardie , Artois).

Cette règle , pour être bien comprise, a besoin d'une explication. Quand il s'agit de fixer la limite de deux propriétés dont l'une est un bois et l'autre une terre labourable, on prend pour base les éperneaux qui généralement ont un rejet de 50 centimètres. La distance du rejet, dans les ressorts des sénéchaussées de Ponthieu et de Boulonnais, était même de 80 centimètres. Mais cet usage était contredit par d'autres. Dans un assez grand nombre de cantons de la Picardie et de l'Artois , le propriétaire d'un champ qui aboutit à un bois peut labourer jusqu'au pied des éperneaux , car , aux termes de l'article 50 de la coutume du bailliage d'Hesdin, les haies et les arbres qui forment la limite des anciens bois , n'ont ni rejet ni gouttière.

Cet usage s'est-il introduit par un abus de la puissance féodale, pour exonérer la propriété forestière d'une servitude qui est de droit commun? n'est-il pas supposable au contraire que les coutumes ont autorisé les riverains à labourer le terrain réservé pour l'égoût, afin d'empêcher les accrues de faire dévier la ligne de démarcation? cette dernière hypothèse n'est certainement pas la moins admissible. Les weisthümer qui sont les coutumes locales de l'Allemagne, permettaient au propriétaire voisin d'un bois d'extirper les accrues qui s'approchaient trop près de sa terre, parce que le fait d'y laisser croître des buissons et des arbustes faisait rentrer le terrain couvert par ces accrues dans la propriété commune. — Le sujet perd son droit, dit un proverbe wetteravien, lorsque les buissons ont poussé à la hauteur des éperons d'un chevalier; *wann der busch dem reiter reicht an die sporn, so hat der unterthan sein recht verlorn.* (*Grimm*, D. R. A. p. 92 et 525.)

De-là la maxime *le bois acquiert le plain* consacrée par les coutumes de Bourgogne, *duché* art. 119 comté art. 57, d'Auxerre art. 213, de Sens art. 154, de Troyes art. 177 de Chaumont en Bassigny art. 108, de l'évêché de Verdun, titre II art. 8.

Aujourd'hui, les accrues ne sont plus considérées comme une alluvion forestière. Elles appartiennent, par droit d'accession, à celui qui a la propriété du terrain sur lequel elles s'étendent. En vertu du principe posé dans l'article 551 du code Napoléon, tout ce qui s'unit et s'incorpore naturellement à une chose, appartient au propriétaire de cette chose.

41.

La haie vive partout, a dix-huit pouces
d'égoût.

(C. N.)

L'article 671 du Code Napoléon, en fixant la distance des haies vives à **18** pouces ou **50** centimètres du fonds voisin, lorsqu'il n'existe pas de règlements locaux ni d'usages constans et reconnus, n'a fait qu'adopter la règle qui était le plus généralement suivie sous l'empire du droit écrit et du droit coutumier. Cet usage s'étendait même jusqu'en Allemagne. La coutume westphalienne qui exige cette distance, en donne pour raison qu'elle marque le point où peut atteindre, au-delà de la

haie , le bras du propriétaire placé sur son terrain,
avec l'instrument à l'aide duquel il fait l'élagage
des branches qui poussent du côté du voisin.
(GRIMM , D. R. A. , p. 549.)

42.

* Le vent de mer et l'air salin
Poussent la haie sur le voisin.

(Boulonnais. -- Picardie.)

Dans un assez grand nombre de localités des
trois départements de la Somme , du Pas-de-Calais
et du Nord , on observe encore , pour la plantation
des haies vives , un usage qui mérite d'autant plus
d'être signalé qu'il résulte du texte même des coutumes. La haie , du côté où elle abrite le voisin
contre les vents de mer , doit être plantée à deux
pieds et demi de la limite, tandis que du côté qui lui
cache le soleil levant et du midi , — ouest , nord-
ouest , — le rejet est de 18 pouces. (Coutumes du
bailliage d'Hesdin , art. 44 ; — du bailliage de St.-
Omer, art. 18 ; — du bailliage d'Aire , art. 68 ;—
du Boulonnais, art. 166 ; — de Montreuil , 1507 ,
art. 30 ; — la même réformée, art. 13 ; — de

Bergues St.-Vinox , rub. x , art. 5 ; — Réglement du magistrat de Bergues du **21** avril 1717.)

Un commentateur de l'art. **166** de la coutume de Boulonnais attribue la cause de cet usage à l'influence des vents de mer qui poussent la haie et la font drageonner du côté opposé à leur direction. Cette opinion est en effet très accréditée , dans les pays du littoral , que les vents de l'ouest et du nord déposent sur les plantes des parties salines dont l'action corrosive détruit les jeunes pousses du côté de la mer , tandis qu'à l'opposé , la végétation se développe avec d'autant plus de force que le soleil , par sa chaleur , attire à lui les branches et les racines ; et c'est, pour cette raison, que le rejet de la haie exige une plus grande distance du côté qui reçoit directement ses rayons.

Les commissions cantonales qui ont relevé cet usage ne l'apprécient pas de la même manière. Les unes constatent qu'il est encore en vigueur, d'autres énoncent qu'il tombe en désuétude, qu'il n'est plus applicable qu'aux plantations faites avant le code, lorsqu'il s'agit de la délimitation des propriétés , en cas de litige ou de partage. C'est là évidemment une fausse interprétation de l'article **671** , car le

code préfère , à la distance générale qu'il prescrit ,
celle qui est fixée par les réglements et usages établis dans les différentes provinces. Or , aucun usage
n'a été plus constant et mieux prouvé que celui
dont il vient d'être question. Il n'y a donc pas de
raison de le proscrire , puisqu'il est justifié par les
influences climatériques du pays où il est observé.

43.

Avec la serpe on gagne , avec la bêche
on empêche.

(Franche-Comté.)

Il est reconnu qu'en taillant toujours la haie d'un
côté et pas de l'autre, on la fait voyager. Ce genre
d'alluvion non prévu par le Code Napoléon , paraît
avoir été fort en usage dans la Franche-Comté ,
surtout pour les haies limitrophes des terrains communaux et des chemins.

Toutefois ce mode d'anticipation n'est pas aussi
facile à pratiquer quand la propriété voisine est une
terre labourable , parce que le voisin qui s'aperçoit,
en labourant , de l'extension des racines , ne né-
glige pas , au moyen d'une tranchée creusée à une

certaine profondeur, parallèlement à la limite, de couper et d'extirper toutes celles qui dépassent la ligne séparative.

44.

Epine noire et chiendent,
C'est tout un pour le paysan.

(Nivernais.)

On ne peut, dit Guy Coquille, planter haie vive plus près du voisin que pied et demi ; et doit être la haie d'épine blanche et non d'épine noire, parce que celle-ci étend ses racines et épuise la terre. (*Institution au droit français*, II, 66.)

45.

* Toîts de tuile et d'estrain
Font toujours perdre du terrain.

(Picardie. — Artois.)

Aux termes de l'article **21** de la coutume locale de la ville de Montreuil, ung chascun a contre son voisin, à son édifice couvert de tieulle, demy pied

de gouttière , et à celluy couvert d'estrain , un pied
de gouttière. (Cout. loc. du bailliage d'Amiens, II,
p. 601. — Voy. max. 32.)

La coutume de bailliage d'Hesdin de **1627** , art.
48 , exige une distance de deux pieds et demi pour
les couvertures en chaume , et de pied et demi pour
les couvertures en tuiles.

Sur ce point les usages sont loin d'être uniformes,
car la distance de l'espace intermédiaire laissé pour
l'égoût varie dans chaque canton , et quelquefois
dans les communes composées de plusieurs sections.

Aujourd'hui, celui qui bâtit à la campagne , peut
donner plus ou moins de saillie à ses toîts , pourvu
qu'il les établisse de manière à ne pas faire tomber
ses eaux sur le fonds du voisin. Il n'y a que les
constructions antérieures au Code Napoléon qui
soient censées avoir été faites à la distance prescrite
par l'usage des lieux , et qui, par conséquent, im-
pliquent fixation de la ligne séparative.

SECTION III.

CLOTURES.

46.

Il faut isoler les pignons
où l'arsin trouve des tisons.

La loi reconnaît deux espèces de clôtures : la clôture mitoyenne et celle qui ne l'est pas.

La clôture mitoyenne est une nécessité de l'agglomération des habitations, du fractionnement et de la division des propriétés. Elle est forcée dans les villes, elle n'est encore que facultative dans les campagnes. *Nul ne clôt son héritage qui ne veut,* dit un vieux brocard coutumier.

A l'origine des sociétés, tous les héritages sans distinction urbains et ruraux, étaient séparés et isolés les uns des autres. A Rome même, dans les premiers temps de la république, chaque propriété formait une île, *insula*, expression encore usitée, dans une partie notable de la Bretagne, pour désigner les champs ou prés en état de clôture. Un espace vide de deux pieds et demi que la loi des XII tables appelle *ambitus parietis*, était ménagé entre les habitations pour laisser aux propriétaires la facilité d'en faire le tour, sans passer les uns sur les autres. Mais cette loi tomba peu-à-peu en désuétude et les maisons furent jointes ensemble par des murs communs, sans cesser d'être désignées par le mot *insulæ*.

Les clôtures mitoyennes n'ont été adoptées que fort tard dans les villes de la Belgique. C'est la substitution des bâtiments en pierre aux constructions en bois qui les a rendues obligatoires dans la vieille capitale des Flandres. Un placard de 1672, interprétatif des articles 22 et 23, rubrique xviii, de la coutume de Gand prouve en effet que, jusqu'à cette époque, les maisons conformément à un usage général en Allemagne, étaient séparées par des *entre-deux* (tuschen wegen) de deux pieds et demi qui étaient destinés à recevoir les eaux pluviales et, en même temps, à empêcher la communication des incendies aux maisons voisines. Au terme de ce réglement, le propriétaire qui veut bâtir une maison en pierres ou briques est autorisé à prendre tout le terrain de l'entre-deux, pour y établir son pignon à moins que le propriétaire voisin ne déclare qu'il a l'intention d'en bâtir une aussi dans l'année, auquel cas, le premier ne peut prendre que la moitié du terrain de l'entre-deux.

Ceci explique comment on est arrivé dans les villes, à faire de la clôture mitoyenne une condition obligatoire du voisinage. La tolérance des constructions en bois commandait l'isolement des habitations; les pignons en maçonnerie permirent de supprimer les intervalles. D'abord on accorda la faculté de bâtir jusqu'à la ligne séparative, puis on força les voisins à se clorre, à frais communs, et à se débarrasser de leurs eaux, en fournissant chacun la moitié du terrain.

Or, ce qui s'est fait un peu plus tôt dans les villes doit se faire un peu plus tard dans les campagnes où déjà les murs séparatifs des héritages sont présumés mitoyens s'il n'y a titre ou marque du contraire. (C. N. art. 653.) La mitoyenneté est une nécessité du progrès de la civilisation. Le terrain devient trop précieux pour qu'on n'avise pas au moyen de l'exonérer des servitudes qui le rendent improductif. Quand on aura fait disparaître les couvertures en chaumes, et que les pignons en maçonnerie auront remplacé les pignons en charpente et en torchis, l'isolement des habitations n'aura plus de raison d'être, car les bâtiments, en matières calcaires, sont un obstacle à la propagation des incendies, bien plus efficace que ces entre-deux, que ces intervalles de quelques centimètres qui séparent aujourd'hui les chaumières des habitants de la campagne.

47.

* Entre voisins, pour la truelle,
  On s'accorde le tour d'échelle.

(Flandre. — Picardie.)

L'usage consacre, sous le nom de *tour d'échelle,* le droit réciproque de passage pour la réparation des bâtiments et murs de clôture. Cette servitude, qui était admise par les coutumes, ne figure pas au nombre de celles que le Code Napoléon a réservées. Elle a si peu pour cause les nécessités de l'enclave que celui qui l'exerce est presque toujours propriétaire d'une bande de terrain laissée pour la gouttière du bâtiment qu'il s'agit de réparer. Mais, comme cette bande n'est pas assez large pour y dresser des échelles, il faut bien que le voisin permette de

9.

les appuyer sur son héritage, lorsque les réparations ne peuvent pas se faire autrement.

« S'il est besoin de recouvrir un toît, et la goutte
» tombe sur le voisin, tel voisin est tenu à donner
» place pour dresser les échelles, et ne le pourra
» empêcher. (Cout. de Reims, art. 378.) »

L'usage du tour d'échelle n'existe donc véritablement que dans les lieux où la clôture mitoyenne n'est pas obligatoire, et ne s'exerce que sur un espace égal à la distance de l'égoût des constructions parallèles de deux propriétés contiguës, ce qui fait que, dans la plupart des cas, le tour d'échelle est, pour partie, propriété et, pour partie, servitude.

Les coutumes de Melun, art. 203, de Sedan, art. 295, et d'Audenarde, rub. XIII, art. 12, obligent celui qui use du tour d'échelle à réparer immédiatement ce qu'il a rompu, démoli et gâté chez le voisin, par le fait de ses ouvriers.

48.

Qui clôt empêche, qui ne clôt plante en vain.

(Droit coutumier.)

C'est à peu près, et dans les mêmes termes, la règle 15 du livre II, titre II, des Instituts coutumières de Loisel : *qui ferme ou bouche, empêche, garde et défend ; et pour néant plante, qui ne clôt.* (édition DUPIN et LABOULAYE, tome I.er, p. 251, n.° 242.)

QUI CLÔT EMPÊCHE. Il est établi, par le droit de toutes les nations civilisées, que la clôture manifeste et symbolise l'inviolabilité de l'héritage. Elle forme une barrière où s'arrête l'autorité du droit commun, où commence l'autorité souveraine du père de famille. Celui qui la défend contre une attaque à force ouverte, est toujours dans le cas de la légitime défense. C'est un seuil qu'on ne peut franchir, même pour assurer l'exécution des lois, sans un mandat spécial du pouvoir chargé de la répression des délits. La force de ce principe était telle, au moyen-âge, que les villes fermées obéissaient à des lois particulières distinctes des lois générales du pays environnant. Elles avaient le droit de se gouverner et de se défendre elles-mêmes, droit qu'on ne pouvait garantir aux villes ouvertes, quelles que fussent leur population et leur importance.

Les propriétés ouvertes, même encore aujourd'hui, ne jouissent pas, au même dégré, des immunités que la loi de 1791 a stipulées en leur faveur. Les propriétés closes sont défensables en tout temps et de la manière la plus absolue ; les propriétés non closes ne sont soustraites à l'usage commun du parcours, de la vaine pâture et du glanage, que depuis l'ensemencement jusqu'à la récolte des fruits. (Loi du 28 septembre 1791, titre 1.ᵉʳ, section ɪᴠ, art. 4, 5, 6, 7 et 11 ; titre II, art. 21.)

Les vignes ouvertes sont en état de défense toute l'année ; mais les vignes fermées ont de plus le privilége de n'être pas assujetties au ban des vendanges. (Loi du 28 septembre 1791, titre Iᵉʳ, section ᴠ, art. 2.)

Qᴜɪ ɴᴇ ᴄʟôᴛ ᴘʟᴀɴᴛᴇ ᴇɴ ᴠᴀɪɴ. Nonobstant l'abrogation des coutumes qui interdisaient de clorre les terrains soumis à la vaine pâture, cette seconde partie de la maxime n'est pas en désaccord avec le droit nouveau. Car pour mettre une propriété en défense, il ne suffirait pas de la fermer sur l'un ou plusieurs de ses aboutissants, il faut qu'elle le soit sur toutes ses faces. C'est en vain, par exemple, qu'on y planterait une haie qui ne formerait pas un obstacle continu. Toute haie qui présente des solutions de continuité, ne réunit pas les conditions prescrites par l'article 6, titre Ier, section IV de la loi de 1791. Elle doit être considérée comme n'existant pas relativement à l'entrée des troupeaux et des glaneurs, et à l'aggravation des délits résultant de la violation de la clôture. C'est seulement sous ce rapport que l'adage : *qui ne clôt, plante en vain*, est encore susceptible d'application.

49.

Tant dure la clôture, tant dure la défense.

(La Marche.)

Un héritage qu'on déclôt et reclôt périodiquement, ne saurait être réputé défensable en tout temps, car la défense ne peut avoir plus de durée que la clôture. Ce principe est la conséquence forcée du droit qu'a tout propriétaire de se clorre et de

9*

se déclorre. Il se clôt quand il croit la clôture utile, il se déclôt quand il ne la juge plus nécessaire. Par conséquent, la loi ne doit pas se montrer plus soucieuse que lui de ses intérêts. C'est l'usage qu'il fait de sa liberté qui détermine la nature et l'étendue des garanties qu'elle lui accorde. Au regard de la loi, la disparition du signe de la défense équivaut à la levée de la défense elle-même.

Cette règle est particulièrement applicable aux héritages ruraux situés dans l'intérieur des villages. D'après un usage universel, immémorial, les prés, les vergers et les manoirs fermés de haies vives, de haies sèches ou de palissades, n'étaient réputés clos que depuis le 15 mars ou le 1.er avril jusqu'à la récolte des fruits inclusivement. En tout autre temps, ils étaient livrés à la libre circulation des personnes qui voulaient communiquer d'un quartier à un autre. Tous les ans, à la mi-mars, les autorités locales enjoignaient à chaque habitant, par ban et publication à l'église, de reclorre sur front de rue, toutes les ouvertures pratiquées dans les haies, sous peine d'une amende.

Cet usage, qui se justifiait par le mauvais état des rues et des chemins pendant l'hiver, existe encore dans la plupart des communes, quoique l'état actuel de la voirie le rende à peu près inutile. L'empire de l'usage est tel que les propriétaires eux-mêmes, aux approches de la mauvaise saison, s'empressent d'enlever les haies sèches qui bouchent les trous de leurs haies vives, ainsi que les barrières qui ferment leurs héritages, évitant ainsi aux passants l'occasion de commettre le délit prévu et réprimé par l'article 41, titre II, de la loi du 28 septembre 1791.

Aux termes de l'article 5, titre I.er, section ɪv de cette loi, tout le temps qu'un héritage reste clos de la manière déterminée par l'article 6, c'est-à-dire *exactement fermé*, il ne peut être assujetti au parcours ni à la vaine pâture. Evidemment cette disposition a eu en vue les clôtures périodiques dont il vient d'être parlé, et le maintien d'un usage qui était consacré par toutes les coutumes, notamment par l'article 354 de celle de la Marche, aux termes duquel :

« Tous prés clos sont défensables, en tout temps,
» tant et si longuement que l'on les tient clos ; mais
» quand ils ne sont clos, ne sont défensables depuis
» la Saint-Martin d'hiver jusques au mi-mars ensui-
» vant. »

50.

Chaque voisin doit clôture à sa droite main.

(Flandre, Picardie, Artois.)

Cette maxime est tirée du titre XVIII, art. 6 de la coutume de Cambrai :

« Chacun voisin doit clôture à sa droite main à
» l'encontre de son voisin, sauf à l'encontre des
» édifices dudit voisin ; mais clôture en fond, ou
» de bout, ou de main droite contre main droite, de
» main gauche contre main gauche, se doit faire,
» chacun par moitié, s'il n'y a titre contraire. »

Coutume de Vron, art. 7 :

« Quant aux clostures, les uns cloent par moitié
» l'ung contre l'aultre, et les autres cloent l'ung
» l'aval, l'aultre l'amont, et n'y a point de coustume
» locale quant à ce. » (Cout. loc. du baill. d'Amiens,
I, p. 522).

Ces coutumes indiquent l'origine d'un usage, sur le mode d'exploitation des haies mitoyennes, qui est presque général, dans les départements du nord de la France. La haie séparative de deux héritages ne se divise pas, conformément aux principes de la mitoyenneté, dans le sens de sa longueur et selon sa largeur et épaisseur, de manière à ce que chacun des voisins jouisse de la moitié des tontures; mais elle se partage en deux tronçons d'égale longueur, qu'ils exploitent des deux côtés, comme ils l'entendent, et chacun pour sa part.

Cet usage est fondé sur ce que les riverains d'une haie mitoyenne ne pourraient jamais s'entendre sur l'époque de la coupe et le partage des branches. La jouissance par bouts leur assure à chacun une part égale des fruits que la haie est susceptible de produire. Les arbres qui y croissent, cessant d'être communs par l'effet d'une convention tacite qui fait cesser l'indivision, les deux propriétaires se trouvent, par cela même, affranchis de l'obligation que leur impose l'article **673** du Code Napoléon d'abattre les arbres de la haie mitoyenne, lorsque l'un d'eux le requiert.

Ce mode de division pour la jouissance ne détruit pas la mitoyenneté, car les deux voisins n'en sont pas moins propriétaires du terrain qui est de leur côté, jusqu'au pied de la haie, et ce n'est qu'à titre de servitude qu'ils supportent l'égoût du bout qui ne leur appartient pas. A la vérité, des difficultés peuvent surgir lorsque les héritages subissent des changements par suite de partage, mais cet inconvénient disparaît quand les officiers publics qui président aux arrangements de famille ont l'attention de rédiger leurs actes de manière à concilier la jouissance par bouts avec la division des héritages.

Dans un assez grand nombre de communes du Pas-de-Calais, l'élagage de la haie mitoyenne se fait par les deux voisins alternativement ; mais lorsque les propriétaires ne s'entendent plus ou sont remplacés par d'autres, il en résulte des actions possessoires aussi mal fondées que désastreuses. Ce second usage a donc tous les inconvénients du premier, sans en avoir les avantages, car il subordonne au caprice de l'une des parties l'existence des arbres plantés dans la haie.

Le système dont il vient d'être parlé, la division par bouts, est aussi la règle applicable au fossé qui forme la ligne séparative de deux héritages. Dans la province hollandaise de l'Ostfrise, l'entretien et le curage des fossés sont à la charge des propriétaires limitrophes pour moitié, de manière que chacun a l'obligation de curer la moitié du fossé qui est à sa gauche, lorsqu'il est placé sur son terrain, en face et au milieu de la ligne du fossé.

La commission de l'Ems-Oriental, dans ses observations sur le projet de code rural de 1808, trouve cet usage aussi simple qu'utile, et en réclame le maintien,

« car, dit-elle, lorsque chaque propriétaire res-
» tant de son côté, ne cure que la moitié du fossé
» dans toute sa longueur, il s'élève souvent des
» contestations difficiles à juger, mais lorsque cha-
» cun est chargé de soigner la moitié du fossé, tant
» en longueur qu'en largeur, l'un n'est pas arrêté
» par l'autre, l'ouvrage en vaut mieux et l'on peut
» juger d'un coup-d'œil qui des deux est en défaut.
» (VERNEILH, *Projet de code rural,* tome IV, page
» 134.) »

SECTION IV.

SERVITUDES D'ENCLAVE.

51.

* Terre en labour, terre emblavée
Doivent passage à terre enclavée.

(Picardie.)

La servitude d'enclave est réglée par les articles 682 et suivants du Code Napoléon.

« Le propriétaire qui n'a aucune issue sur la voie
» publique, peut réclamer un passage sur les fonds
» de ses voisins pour l'exploitation de ses héritages,
» à la charge d'une indemnité proportionnée au
» dommage qu'il peut occasionner. Ce passage doit
» être pris du côté où le trajet est le plus court, ou
» être fixé dans l'endroit le moins dommageable à
» celui sur le fonds duquel il est accordé. »

Ces diverses dispositions reproduisent à peu près les termes de l'article **6**, chapitre xvi, de la coutume de Lille, mais le Code n'exige pas, comme cette dernière, une signification faite, trois jours à l'avance, au propriétaire enclavant.

Quelques coutumes flamandes, notamment celle du pays d'Alost, rubrique X, article 27, déterminent les conditions du passage à travers les récoltes :

« Celui qui veut charrier ses grains en passant
» sur le champ d'autrui, et par la véritable voie
» où il a accoutumé de charrier, doit, au moins
» vingt-quatre heures à l'avance, requérir qu'il soit
» fauché un chemin. Si le propriétaire enclavant
» n'obtempère pas à cette sommation, le proprié-
» taire enclavé est autorisé à passer en faisant le
» moins de dégât possible. »

Aux termes de l'article 76 de la coutume du Pays du Franc de Bruges, le propriétaire enclavé ne peut user du passage qu'en temps de semaille et de moisson.

L'article 144 de la coutume de Baralle et Buissy (Pas-de-Calais), dispose en ces termes :

« Et vous ferez le ban de défense de par mon-
» seigneur, que nuls cartons ne trainneche son
» harnas parmy terre herchiée, sur l'amende de v
» solz cambresis. » (Cout. loc. du Bail. d'Amiens,
II, p. 469).

Il est encore d'usage, en Picardie, lorsque les grains d'une sole sont mûrs, de permettre au propriétaire qui veut arriver à sa pièce, de se frayer un passage, en coupant avec la faux la récolte du fonds enclavant pourvu qu'il la laisse sur place. Aucune indemnité n'est réclamée pour cette espèce de chemin.

L'assolement régulier a au moins cet avantage qu'il oblige très-rarement une voiture chargée de récoltes à traverser des terres préparées, et presque jamais les instruments aratoires à passer sur des terrains couverts de grains en tuyaux.

Les occasions de dommages sont d'autant moins fréquentes que les propriétaires entr'eux ne supportent la servitude réciproque de passage que pour des travaux identiques et une exploitation simultanée.

52.

Pour le fumier et la récolte, on suit le trajet le plus court. Pour la cendre on passe partout.

(Picardie. — Allemagne.)

Cette règle est généralement admise par les cultivateurs de tous les pays, quand il s'agit de déterminer le mode d'exercice du passage avec voitures

chargées ; mais , quand il y a lieu d'apprécier le
dommage et de fixer l'indemnité , la formule change
et la règle est celle-ci :

Pour le fumier et la récolte, on indemnise ;
Pour la cendre , on ne doit rien.

Ainsi , celui qui détruit une récolte sur pied ,
doit la restitution en pareille quantité et qualité ; si ,
en passant , il défonce une terre préparée et y fait
des ornières , il est tenu de labourer et de fumer
tout le terrain qu'il a converti en chemin.

» Celui qui veut charrier du fumier sur sa terre ,
» disent les coutumes allemandes , quand il n'a pas
» de chemin pour y arriver , doit grimper sur le
» faîte de sa maison, afin de découvrir le trajet le
» plus court, le moins dommageable, et couvrir
» avec de la paille l'endroit où il veut passer. GRIMM,
» D. R. A., p. 553. »

Mais , quant à la cendre qu'on est dans l'usage,
en certains pays, de jeter sur les récoltes et les prairies, on n'exige aucune indemnité, parce que le
propriétaire qui sait que la cendre, pour produire
bon effet, demande un temps sec et un sol bien
raffermi, a tout intérêt à choisir le moment où cette
opération pourra se faire sans plus de dommage

pour les autres que pour lui-même. C'est pour cela qu'elle a toujours lieu dans une saison où les grains ne souffrent pas du passage.

53.

Une sole ne doit pas le passage pour la desserte d'une autre sole.

(Picardie.)

L'usage de réunir, dans un même canton, toutes les cultures de grains qui se sèment et se récoltent en même temps, a une autre cause que celle qu'on lui attribue généralement. L'assolement ternaire n'a pas été imaginé seulement pour laisser reposer la terre une année sur trois, au moyen de la rotation périodique des céréales, des trémois et de la jachère. Il a eu surtout pour but d'éviter les dégâts et les indemnités de passage qui sont la conséquence forcée de l'enchevêtrement de cultures contradictoires. Tel est en effet le motif que donne la coutume d'Audenarde :

» L'on observe encore, porte l'article 21, en
» beaucoup de villages, de mettre tous les champs
» d'un quartier en une sorte de semence, savoir:

» l'un d'une semence d'hiver, l'autre de grains
» d'été, et le troisième en jachère, afin que, par là,
» les propriétaires voisins ne souffrent aucun dom-
» mage. »

Chaque sole ou canton, ayant son chemin particulier, l'exploitation générale du territoire se fait
de manière qu'il n'y a que les terres en état de pré-
paration qui souffrent le passage des instruments
aratoires, des troupeaux et des engrais, de même
qu'il n'y a que les terres chargées de grains en maturité qui doivent le passage pour la coupe et la
rentrée des récoltes.

Dans les pays même où l'agriculture a fait le plus
de progrès, l'abandon de l'ancien système d'assolement n'a pas encore eu pour effet de confondre les
divers cantonnements et de réunir pêle-mêle toutes
les productions dont la terre se couvre chaque année. N'était la suppression presque totale de la
jachère qui a fait place aux plantes oléagineuses,
textiles, saccharines et légumineuses, on ne s'aper-
cevrait pas du changement accompli ; si on s'en
aperçoit, c'est pour regretter que les prairies artificielles n'aient pas pris, dans le nouvel aménagement du sol arable, un développement plus propre

10*

à favoriser l'amélioration du bétail et la multiplication des troupeaux.

54.

La charrue au voisin prend et rend tour-à-tour.

(Picardie. — Artois.)

Il est de règle parmi les cultivateurs qu'on ne doit pas ouvrir, deux fois de suite, du même côté, le premier sillon du labour, mais alternativement sur la droite et sur la gauche de la pièce de terre, en suivant la jouissance et les bornes. Il est prouvé, en effet, par l'expérience, qu'en retirant toujours la terre sur le voisin, on finit par pratiquer une excavation entre les deux propriétés contiguës. C'est pourquoi la terre doit être tournée une fois dans un sens, et retournée, dans l'autre sens, la fois suivante.

55.

Jamais sur terre ensemencée la charrue
n'est retournée.

(Picardie. — Champagne.)

Il arrive assez fréquemment, en labourant, qu'on

rencontre des obstacles qui empêchent de tracer le sillon jusqu'au bout de la pièce. De-là l'usage, lorsqu'il fait mauvais temps, ou lorsque les grains sont semés, levés ou en tuyaux dans le champ aboutissant, de faire arrêter les chevaux qui traînent la charrue avant d'arriver à la limite. L'intervalle qu'on laisse ainsi sans culture et qu'on laboure ensuite parallèlement à la limite, s'appelle *fourrière* en Picardie.

« Que nuls, porte l'article 56 de la coutume lo-
» cale d'Ongnies (Pas-de-Calais), que nulz ne tour-
» nece sur l'ahennage d'autruy, sur l'amende de xii
» deniers. » (Cout. loc. du Bail. d'Amiens, II, 415).

Dans le département de la Marne, le droit de tourner la charrue sur le champ du voisin constitue une véritable servitude.

« Le champ au flanc duquel vient toucher le bout
» d'autres champs, s'appelle *tournière*, parce qu'il
» doit recevoir, lorsqu'ils tournent, les chevaux et
» les instruments aratoires du propriétaire des
» aboutissants.
» Cette servitude est compensée, dans le canton
» de Dommartin-sur-Yevre par l'abandon d'une
» largeur de 2 m. 77 cent. de terrain, prise sur les
» parcelles aboutissantes.
» Nous pensons que l'expression *largeur* est erro-

» née et que c'est, en longueur sur les aboutissants,
» qu'il faut prendre les 2 m. 77 c. à partir de la
» tournière , ce qui élargit d'autant le *beussant*.

» Le propriétaire du beussant a toujours le droit
» de se rédimer de la servitude , en remettant aux
» aboutissants le terrain susdit. A Saint-Mards-sur-
» le-Mont et Noirlieu (canton de Dommartin) le
» droit de tournière a été rédimé par l'abandon du
» terrain , lors du cadastre de 1834 et 1835.

» Pour le canton de Sainte-Menehould, il est écrit :
» *Usage dit droit de tournière suivant lequel les culti-*
» *vateurs foulent réciproquement les extrémités des*
» *champs limitrophes pour donner les labours et re-*
» *tourner leurs charrues.* » (Usages locaux du département de la Marne. Paris 1857 , page 90).

TITRE V.

SERVITUDES DE POLICE.

56.

Pour boisseau ras de blé , boisseau comble
de farine.

(Droit coutumier).

Le droit de mouture n'était pas réglé d'une manière uniforme par les coutumes.

Celles de Poitou , art 36 , de Bourbonnais , art.
535, de Nivernais , ch. 18 , art. 6 , portent que,
quand on donne aux meuniers le grain nettoyé , ils
doivent rendre du boisseau ras de blé un boisseau
comble de farine.

Celle du Maine, art. 16, les oblige à rendre 14 boisseaux de farine pour 12 boisseaux de blé.

Celles de Tours, art. 14 et de Blois art. 240, n'exigent que 13 boisseaux pour 12.

L'ancienne coutume de Bretagne, art. 366, et la nouvelle, art. 387, fixent le droit du meunier à la seizième partie du grain donné à moudre.

Quelques coutumes, entr'autres celle de Bayonne, ch. 23 art. 2 attribuent aux meuniers la dix-huitième partie, d'autres la vingtième.

Dans l'ancien comté de St.-Pol, ainsi que le constate l'article 8 de la coutume locale de Bourret-sur-Canche, le droit de mouture, aux moulins banaux, était fixé à un boisseau par setier (*Cout. loc. du Bailliage d'Amiens, II*, p. 82).

L'article 36 de la coutume de Toutencourt (Somme), et l'article 22 de la coutume locale de la ville et banlieue de Fauquembergue (Pas-de-Cal.), accordent aussi la dix-huitième partie. (*Ibid. II*, p. 227 et 652).

Enfin l'article 31 de la coutume de la châtellenie d'Eperlecques (arrondissement de St.-Omer, Pas-de-Calais), exige que le meunier qui prélève son droit dans l'aire, le prenne en présence de témoins :

« Que nulz magnier ne prende myaulture, est
» assavoir blé estans en l'aire , sy que ung chascun
» le voye, sur l'amende de LX solz parisis. (*Ibid. II*,
» p. 698). »

Un arrêt du parlement de Grenoble du 1.er avril
1762 , défend aux meuniers d'exiger plus de la
vingt-quatième partie.

L'usage de la meunerie de Paris a toujours été de
prendre le grain au poids et de rendre la farine de
même. Le déchet était évalué par les ordonnances
à deux livres par setier. Le système plus rationnel
de rendre poids pour poids et de payer le meunier
en argent, celui que l'on suit aujourd'hui, était
déjà pratiqué en Italie dès le milieu du XVI.e siècle.

Gui Coquille, célèbre jurisconsulte du Nivernais,
et député de cette province aux États Généraux de
1560 , rend compte des instances qui furent faites
dans cette assemblée , pour obliger les meuniers à
prendre et à rendre au poids, afin d'arriver à une
réglementation uniforme. Mais ces efforts demeu-
rèrent sans résultat.

« Vrai est, ajoute l'auteur, qu'il est mal aisé de se
» sauver de la malice des meuniers, car si on les
» forçait à moudre au poids, ils mêleraient du son

» à la farine et feraient autres piperies. » (COQUILLE sur le ch. XVIII, art. 6 de la coutume de Nivernais).

57.

Qui premier vient au moulin,
premier engraine.

(Droit coutumier).

L'abolition des droits de banalité, ne fait pas que cet axiome ait cessé d'être applicable. Chacun est libre d'aller faire moudre son grain où il veut, mais le meunier ne l'est pas de servir les derniers arrivés avant les premiers. Au moulin comme à la boucherie, comme à la boulangerie, comme à l'hôtellerie, et dans tous les établissements créés ou tolérés pour satisfaire aux besoins du public, il ne peut y avoir ni privilége, ni préférence. La règle invariable est celle-ci :

Premier arrivé, premier servi.

Grana prior subdat pistrino, qui prior adstat. (Voy. *Institutes de Loisel*, édit. Dupin et Laboulaye n.° 259).

58.

Plus grand est le chemin, plus grande la
distance du moulin.

(Artois).

Un réglement du conseil provincial d'Artois du
13 juillet 1774 , ordonne à tous les propriétaires
de moulins à vent de les reculer à la distance de
deux cents pieds au moins des chemins royaux
et de cent cinquante pieds des autres chemins publics.

Ce réglement a été fait spécialement pour la banlieue d'Arras où le grand nombre des moulins à
vent et à l'huile, a fait sentir la nécessité de les éloi-
gner des chemins , afin d'éviter que le mouvement
des aîles et le bruit des pilons qui battent les tour-
teaux et pressent les huiles , ne fussent une cause
d'épouvante pour les chevaux , et de danger pour
la vie des voyageurs.

Quant à la raison qui fait qu'on exige une distance plus considérale pour les grands chemins que
pour les chemins ordinaires , elle se conçoit facilement. Ces derniers n'étant guère fréquentés que
par les habitans des communes voisines , les che-

11.

vaux qui passent tous les jours auprès d'un moulin s'en effraient moins que ceux qui y passent accidentellement. Les chemins de fer sont la preuve de cette vérité. Chacun sait de quel effroi sont saisis les animaux qui n'ont pas encore été témoins du spectacle d'un train lancé à toute vapeur, et avec qu'elle indifférence le laissent passer ceux qui sont habitués à en voir tous les jours.

59.

* Qui plante près d'un moulin
Se donne un mauvais voisin.

(Flandre).

La coutume du Pays du Franc de Bruges, art. 77, défend de planter des arbres à haute tige, à moins de quarante verges d'un moulin à vent. La coutume de Bergues St.-Vinox, art. 31, rub. xv, prononce la même interdiction, et enjoint de plus à ceux qui ont des arbres plantés à moins de cent verges d'un moulin à vent et aux grains, de les abattre dans un délai de six semaines.

Cette exception au droit général de la France où les coutumes n'ont jamais interdit les plantations dans le voisinage des moulins, paraît avoir eu pour cause, dans la Flandre, les nécessités locales d'un pays plat et boisé qui paralyse l'action des vents. Mais postérieurement à la réunion d'une partie de cette province à la couronne, on a pensé qu'il fallait faire disparaître l'anomalie que présentait la coutume de Bergues relativement aux autres coutumes françaises. On avait alors trouvé le moyen de suppléer, par des éminences factices, aux ressources qu'offrent, dans les autres contrées, les accidents naturels du terrain, au point que le nombre des moulins s'y était tellement multiplié qu'il était presque devenu supérieur aux besoins de la population. C'est pourquoi la servitude que cette coutume établissait en faveur des propriétaires de moulins a été abolie par lettres patentes du 13 août 1776 enregistrées au parlement de Flandre, le 8 novembre suivant.

Cependant la liberté de planter qui est le droit commun de la France, donne lieu à un abus qui mérite d'être signalé. Ceux qui ont des plantations à proximité d'un moulin à vent, n'ont pas toujours la satisfaction de les voir arriver à maturité, malgré la peine qu'ils se donnent pour les conserver. On serait tenté de croire qu'une influence occulte,

sinon une main criminelle, s'acharne à les faire périr. Cette opinion est tellement enracinée parmi les
habitants de la campagne que beaucoup d'entr'eux
s'abstiennent de planter, près des moulins, pour ne
pas perdre leur temps, leur argent et leurs soins.

60.

* En France, droit de vent diffère du
droit d'eau.

Un arrêté du conseil de Flandre du 18 novembre
1778, subordonne l'établissement d'un moulin à
l'eau ou à vent, à l'autorisation du souverain qui
peut la refuser ou l'accorder suivant les circonstances. Ces concessions qui constituaient un profit
domanial, étaient faites à prix d'argent par application de la maxime : *droit d'eau et droit de vent
sont droits domaniaux*.

En France, l'établissement d'un moulin à vent
ne fut jamais soumis à une autorisation préalable.
Le seul obstacle qu'il pouvait rencontrer était l'intérêt du seigneur à maintenir un privilége de banalité qui ne comportait pas de concurrence.

Les lois révolutionnaires , en abolissant les justices seigneuriales , n'ont pas eu pour effet de faire
du droit d'eau , un droit privatif absolu. Il faut
toujours l'agrément de l'autorité administrative pour
établir un barrage sur une rivière non navigable ,
ni flottable, parce que les actes de possession, quant
à l'usage des eaux , affectent nécessairement les
intérêts contradictoires des riverains et des usiniers.

Par cela même que le droit d'eau est susceptible
de réglementation , le droit de vent devrait l'être
également. Car , si le moulin a besoin d'un espace
libre pour pouvoir tourner à tous les vents , les
propriétaires voisins réclament la liberté de faire
sur leurs héritages tout ce qui leur plaît, et cette
liberté ne peut être restreinte qu'autant que l'utilité publique l'exige.

Or, un moulin à vent destiné à convertir des grains
en farines, ne doit pas être considéré seulement au
point de vue de l'intérêt particulier de celui qui
l'exploite ; il doit l'être aussi au point de vue
des besoins auxquels il donne satisfaction. Lorsqu'il
n'y en a qu'un ou deux dans une commune, surtout
lorsqu'ils existent de temps immémorial, leur utilité
les place sur la même ligne que les chemins publics

et les recommande au même titre à la vigilante sollicitude de l'administration. Celle-ci pourrait donc interdire de planter des arbres à haute tige dans le voisinage d'un moulin reconnu indispensable aux besoins de toute une population, de même qu'elle peut prescrire l'élagage des plantations sur le bord des routes et ordonner l'abattage de celles qui ne sont pas à la distance voulue par les règlements. Il ne s'agit pas là d'un rapport de particulier à particulier, mais d'une mesure de police relative à la conservation d'une chose qui a un caractère d'utilité générale. Puisqu'il y a des zones de servitude autour des citadelles qui servent à la défense d'un pays, pourquoi n'y en aurait-il pas aussi autour des moulins qui servent à préparer la nourriture des habitans d'une contrée ?

61.

Tout chemin s'élargit au tournant.

(Droit romain. — Flandre.)

Cette maxime paraît avoir été empruntée à la loi des XII tables qui exige 8 *pieds* pour le chemin en

ligne droite (*in porrecto*), et 15 pieds à l'endroit
où le chemin tourne (*in amfracto*). La même règle
est consacrée par quelques coutumes de la Belgique. Celle de la ville et pays d'Alost, rubrique X,
articles 2 et 3, l'applique à différentes espèces de
chemins. Ainsi, un grand chemin dont la largeur
est de 40 pieds, en doit avoir au moins 60 dans le
tournant ; un chemin de ville, qui n'est point un
grand chemin, doit être large de 20 pieds et, dans
le tournant, de 30 pieds. Un chemin de village,
d'une paroisse à une autre, comporte 14 pieds et
dans le tournant 21 pieds.

La coutume du **Pays de Liége** ne diffère de la
précédente qu'en ce qu'elle mesure la largeur à la
verge :

« Art. 12 : Tous chemins royaux allant de bonne
» ville à autre, doivent tenir partout, sans empê-
» chement, en largeur, deux verges de voie (40
» pieds), et dans les tournants deux verges et de-
» mie (50 pieds), pour avoir aisance de tourner
» les chars et charrettes. »

« Art. 13 : Tous autres chemins allant de ville à
» autre doivent tenir partout une verge en largeur
» (20 pieds), et dans le tournant une verge et un
» quart (25 pieds.) »

62.

En chemin étroit, au premier le droit.

Lorsque deux voitures se rencontrent dans un chemin creux, trop étroit pour permettre le passage de front, c'est la dernière entrée qui doit reculer, d'après le principe que, quand il s'agit de régler l'usage des choses destinées au public, il faut accorder la préférence au premier occupant : *id quod in usus publicos destinatum, primo occupanti conceditur*.

Mais l'usage veut que les charretiers avant de s'engager dans un défilé fassent claquer leur fouet, pour s'avertir réciproquement. S'il y a doute sur le moment de l'entrée, la présomption est en faveur de l'attelage le plus chargé.

Si le chemin monte, la voiture qui descend ne doit pas reculer pour faire place à l'autre, à moins que celle-ci ne soit encore qu'à une faible distance de l'entrée de la cavée.

63.

Tout charretier tient la gauche et se gare
à droite.

De quelque manière qu'il conduise, le charretier doit toujours avoir sous la main le cheval de
gauche et se garer sur la droite du chemin pour
éviter la rencontre des voitures qui viennent en
sens contraire.

Si la voiture est à un seul cheval , le conducteur
se place sur le devant :

« Que nul ne syee en sa charecte par derrière ,
» son cheval estant au lymons , s'il n'y a aucun qui
» gouverne sa dicte charecte , sur l'amende de x
» solz parisis. » (*Usaiges du comté de Guisnes,* p. 49,
n.° 85).

64.

Toute voiture a droit à la moitié du pavé.

Cette obligation est de rigueur pour les charretiers , en cas d'accident arrivé par suite de la ren-

contre de leurs voitures. C'est la position des roues, par rapport au milieu de la chaussée, du côté où le choc a lieu, qui détermine la responsabilité.

65.

Qui souffre de la fumée doit craindre l'étincelle.

(Flandre).

L'article 48 de la coutume de Bruxelles se réfère à un réglement sur les *bornages et les servitudes*, dont l'article 48 est ainsi conçu :

» Si le voisin a, dans son pignon, paroi ou mu-
» raille, des fenêtres vers le fonds où des cheminées
» sont dressées, celui qui a fait les dites cheminées
» devra en hausser *la pipe* (le tuyau) jusqu'au plus
» haut de la fenêtre du voisin.

La loi municipale de Malines, de 1535, impose aussi l'obligation d'exhausser les cheminées qui sont incommodes au voisin : *caminus tam altè subducendus est, ut vicino, indè nec fumo nec aliâ ratione, noceatur*. (Leg. municip: civ. Mechlin, art. 43.)

Godet, sur l'art. 140 de la coutume de Châlons, dit :

» Nul n'est tenu de porter l'eau de son voisin, si
» bon ne lui semble, ni même d'endurer sa fumée
» si elle lui est importune. »

Il y a plus, l'autorité municipale à qui appartient la police des cheminées, peut faire des arrêtés qui épargnent aux citoyens l'embarras de se pourvoir par action judiciaire. Les propriétaires des maisons ne peuvent avoir, à cet égard, plus de liberté que les propriétaires des usines à vapeur.

Indépendamment de l'incommodité des particuliers, il y a l'intérêt de la sécurité publique qui peut motiver les réglements sur la hauteur des cheminées.

Ainsi l'article 2, rubrique v, de la coutume d'Eccelsbecke ordonne :

» Que toutes les cheminées aux environs de la
» place soient maçonnées au moins à 5 pieds plus
» haut que les toîts des voisins, afin que ceux-ci ne
» souffrent aucun dommage de la fumée et des
» étincelles. »

L'Article 22 rubrique XV de la coutume de Bergues-St.-Vinox prescrit la même hauteur au-dessus des toîts des maisons du voisinage, pour éviter les deux inconvénients signalés plus haut.

Un règlement de police sur la hauteur des cheminées , paraît d'autant plus nécessaire dans les campagnes qu'elles n'y sont généralement pas assez élevées pour garantir les habitations contre tout danger d'incendie. Celles des maisons couvertes en chaume dépassent rarement de plus d'un mètre la hauteur des toîts qu'elles traversent.

TITRE VI.

DU CONTRAT DE LOUAGE.

SECTION I.

BAIL A LOYER.

66.

La clef porte un an, trois mois la clef
des champs.

(Droit coutumier.)

Sauf quelques rares exceptions, toutes les
locations de maisons, granges, bâtiments, jardins
et vergers, à la campagne, sont censées faites pour
un an, avec obligation réciproque de se donner
congé trois mois d'avance.

12.

On dit d'un locataire congédié qu'il a reçu *la clef des champs*.

L'entrée en jouissance des héritages ruraux, le plus communément, est au 15 mars, parce que c'est le moment où commencent les travaux qu'ils exigent.

Les granges, louées séparément, sont censées l'être pour tout le temps qui s'écoule depuis le moment où elles sont vides de la récolte précédente jusqu'au moment où elles le seront de la récolte prochaine. C'est pourquoi le bail, d'après l'usage, commence et finit du 24 juin au 1ᵉʳ juillet.

67.

Vin en cellier l'été ne peut déloger.

(Midi de la France.)

Cette règle est empruntée à l'article **113** de la coutume de Bergerac :

« Se aucun a son vin en maison ou cellier d'autrui,
» à la Saint Jean-Baptiste, époque à laquelle on loue
» communément les maisons ; et le maistre du lieu
» où ledit vin est, le loue à un autre, pour ce que
» ledit vin se pourroit gaster en le remuant, celui

» à qui il appartiendra pourra retenir ladite maison
» au mesme prix qu'elle aura esté louée de nou-
» veau. »

68.

* Vin au détaillant vendu, ne comprend
pas le fût.

(Champagne).

Il est de règle, à peu près générale, que la vente
des boissons livrées par les marchands en gros et les
brasseurs aux détaillants, ne comprend que le con-
tenu et non pas le contenant. Les tonneaux sont
censés loués pour tout le temps que doit durer le
débit de la marchandise qu'ils renferment ; après
lequel temps, ceux qui les ont reçus sont obligés de
les restituer.

Mais la présomption du louage cesse quand il y
a, entre le domicile du vendeur et celui de l'acheteur,
une distance telle qu'elle exclut la possibilité de
rapports fréquents et suivis entre le marchand et le
détaillant.

Coutume de Troyes, art. 203 :

« Quand aucun demeurant à Troyes ou à quatre

» lieues à l'environ, vend vin en gros en la ville et
» banlieue de Troyes, et que l'acheteur le débite
» en ladite ville et banlieue, ledit acheteur est tenu
» rendre et restituer au vendeur les vaisseaux après
» que le vin est débité ; et s'il est débité hors ladite
» ville et banlieue, ledit acheteur n'est tenu rendre
» les dits vaisseaux.»

69.

Le locataire doit être tenu clos et couvert.

(Droit Coutumier).

Sur cette règle, voir les *Institutes de Loisel,* édition Dupin et Laboulaye n° 475.

La conséquence de ce principe est que le locataire est autorisé a retenir, sur le prix de son loyer, les dépenses de réparations aux bâtiments occupés par lui, qu'il a faites, après sommation infructueuse, pour se garantir de la pluie et du vent.

Coutumes de Saint-Sever, titre III, art. 7 :

« Sont dites réparations nécessaires celles qui
» ont pour objet de couvrir, fermer de parois,
» portes, fenêtres et de soutenir la maison si elle
» voulait tomber. »

70.

* Haie productive est un taillis,
Haie de défense est sans produits.

Tout héritage entouré d'une haie vive est réputé clos. Mais la clôture est plus ou moins de défense selon le mode d'aménagement auquel la haie est soumise et l'essence de bois dont elle est formée.

Ainsi, par exemple, une haie de charmille qu'on ne coupe qu'une ou deux fois dans le cours d'un bail, de neuf ans, présente moins de défense, mais donne plus de produits qu'une haie d'épine qu'on taille régulièrement chaque année. Celle-ci, par suite des soins assidus dont elle est l'objet protège mieux la propriété qu'elle environne, mais reste improductive pour le locataire.

Il est certain en effet, qu'une haie qu'on abandonne à elle-même, s'éclaircit d'autant plus, dans le bas, qu'elle prend plus de développement dans le haut. Les haies mal tenues se dégarnissent du pied et finissent par y laisser des jours assez grands pour livrer passage aux volailles et aux enfants qui dévastent les jardins et les vergers.

Il n'y a donc véritablement de haies de défense, que celles qui sont rabattues et taillées tous les ans. Celles-là sont véritablement improductives pour le fermier et le locataire.

71.

On taille la haie au printemps
une ou deux fois en neuf ans.

(Flandre.)

L'usufruitier et le fermier qui ont la jouissance des héritages ruraux, n'ont droit aux produits périodiques des arbres et des haies, qu'en se conformant à l'usage du pays ou à la coutume des propriétaires, (Code Nap. art. 593.) Sur ce point, les usages sont très-divers, le plus général admet toutefois cette règle que le fermier ne peut exploiter les haies vives qu'une ou deux fois dans le cours d'un bail de neuf ans.

Coutume de Bouchote, rubrique X, art. 11 :

« Lorsque le bois de coupe ou bois taillis qui a
» déjà été coupé, est donné à ferme, le fermier ne
» peut le couper qu'une fois en 9 ans à moins de
» convention contraire. »

72.

* Sur le bois mou, la serpe, plus souvent
que sur bois dur, ébrèche son taillant.

(Flandre.)

Cette maxime est facile à comprendre. En effet,
quoique plus tendre à couper, le bois mou qui
pousse avec plus de vigueur, nécessite par cela
même plus fréquemment que le bois dur, l'emploi
de la serpe et de la cognée. C'est donc relativement
à la périodicité des coupes que l'instrument a moins
de chance de s'émousser sur l'un que sur l'autre.

On entend par *bois tendre* ou *bois mou*, les
saules, les aunes et autre espèces d'une croissance
très-rapide, et par *bois dur*, les chênes, les
hêtres, etc., dont la végétation est moins active.

Coutume de Bouchote, rub. X, art. 14 :

« Le fermier, soit que, dans son bail, l'âge du bois
» soit déclaré ou non, n'a pas la faculté de couper
» le bois dur au dessous de l'âge de neuf ans et le
» bois tendre au dessous de sept ans. »

Coutume du pays du Franc de Bruges art. 115 :

« Les saules et autres troncs de bois tendre

» peuvent être coupés à quatre ans, et un quart
» chaque année. »

73.

La serpe du fermier s'arrête à la couronne.

(Flandre.)

Ainsi, de tout arbre qui tombe ou que le propriétaire fait abattre, celui-ci à le tronc et le fermier les branches jusqu'à la couronne, parce que les branches sont un produit périodique dont le propriétaire est présumé avoir cédé la jouissance au fermier. (Usage de la Somme.)

Les coutumes flamandes , entr'autres celle d'Eccloo, rub. V, art. 19 , reconnaissent au propriétaire :

« Le droit de faire abattre les arbres montants
» qui croissent sur l'héritage affermé, sans que
» le fermier puisse prétendre droit aux branchages,
» plus loin que là où la serpe ou la cognée a passé
» lorsque l'arbre était debout. »

La loi municipale de Malines n'accorde pas à l'usufruitier un droit plus étendu de jouissance sur les arbres qui ne sont point mis en coupe réglée :

« Usufructuario fas non est grandes arbores et
» incæduas rescindere, neque ulterius ferro agere,
» quam ubi anteà dolabram falciemve expertæ
sunt. (Leges municip. civ. Mechlin, titre XV art. 4.)

SECTION II.

BAIL A FERME.

74.

Au fermier sortant, l'épi traînant.

(Artois.)

Il y a trois usages qui régissent l'entrée et la
sortie des baux à ferme soumis à l'assolement ternaire. Le premier livre, un an d'avance, la sole à
jachère au fermier entrant qui la prépare, comme
bon lui semble, pour la semence qu'elle doit recevoir au mois d'octobre suivant, sous la condition
que le fermier sortant laissera à celui qui doit lui
succéder dans la culture, les logements convenables

et autres facilités pour ses travaux. C'est à cet usage que fait allusion la première partie de l'article 1777 du Code Napoléon. Le second oblige le fermier sortant à cultiver et à préparer la terre qu'ensemencera le fermier entrant, à la charge par celui-ci de lui rembourser, à dire d'experts, le prix de ses labours et engrais. C'est, comme on le verra dans l'article suivant, le système consacré par les coutumes de la Flandre.

Enfin, le troisième ne permet au fermier entrant de prendre possession, la première année, que de la sole à mars et de la sole à jachère, parce que le fermier sortant qui a ensemencé la sole à blé au 1.er octobre de l'expiration de son bail, conserve la jouissance de cette sole jusqu'après la récolte de l'année suivante.

D'après cet usage, qui est connu sous le nom de *tierce sole* ou de *l'épi traînant,* le fermier sortant ne paie point de redevance pour la tierce sole, parce qu'il a payé intégralement le fermage la première année de sa jouissance ; par la même raison, le fermier qui entre paie la totalité du fermage, quoique réellement il ne jouisse que des deux tiers de l'exploitation, sauf à être récompensé, à la fin de son bail, par la récolte de l'épi traînant qu'il enlèvera sans rien payer. (M. CLÉMENT, *Essai sur les usages locaux du Pas-de-Calais*, p. 172 n.° 135).

Ce dernier système a sans doute été imaginé pour obvier aux inconvénients des deux autres, car il ne met point en contact, comme le premier, pendant une année entière, deux intérêts rivaux souvent inconciliables ; il ne force point le fermier sortant à fournir des logements aux serviteurs et aux bestiaux de celui qui lui enlève, pour l'avenir, les profits d'une exploitation qu'il a peut-être améliorée. D'un autre côté, il n'oblige pas, comme le second, le fermier entrant à accepter les risques et les conséquences des travaux faits par son prédécesseur et à se soumettre aux chances d'une expertise incertaine pour la fixation de l'indemnité dont il aura à lui faire compte. Il ne constitue pas le propriétaire débiteur d'une créance qui doit avoir pour résultat une reconduction forcée du bail accompli, s'il ne trouve pas un nouveau fermier prêt à la payer en son lieu et place.

Mais toutes ces difficultés disparaissent avec les usages qui avaient pour but de les prévenir, depuis que les progrès de l'agriculture ont permis de substituer le système de la jachère productive au système de la jachère morte. Les récoltes intercalaires qu'on lui fait produire n'auront pas peu contribué à simplifier les rapports établis, par l'ancien état de choses, entre le bail qui finit et le bail qui commence.

75.

Au fermier qui finit, le fermier qui commence
Rendra fer, engrais et semence.

(Flandre.)

Voici, à cet égard, quel était l'usage de la Flandre.

Coutume de Lille, titre XVI, *art.* 1er.

« Quand un censier a labouré et ensemencé au-
» cuns héritages, après le bail expiré, il doit jouir
» de tels héritages et des autres conjointement don-
» nés à semblable titre de cense, trois ans ensui-
» vans et continuels, au prix et conditions du pré-
» cédent bail, à moins que le propriétaire ne lui ait
» signifié ou fait signifier de soy en départir, avant
» qu'il ait labouré ou ensemencé, ou, après les
» avoir ensemencées, en dedans le jour et fête de

» Chandeleur (2 février) précédant la dépouille,
» en lui offrant *labeur, fer et semence.* »

Coutume d'Audenarde, rubrique IX, *art.* 16 :

« Les nouveaux fermiers ne peuvent labourer
» avant l'entrée de leurs baux. Les anciens fermiers
» ont la faculté de labourer et de semer jusqu'au
» dernier jour ; mais le propriétaire ou le fermier
» nouveau peut prendre les fruits semés et les la-
» bours, en payant les labours et semences ; et, au
» cas qu'ils ne les prenne pas, le fermier qui sort
» fera les levées des fruits, en payant le loyer selon
» l'étendue de la terre. »

Coutume d'Alost, rubrique XIV :

« *Art.* 12. Une personne occupant une cense
» avec maison, granges et étables, a la faculté,
» lors de la sortie de son bail expirant à Noël, de
» labourer, de fumer et de semer les jachéres accou-
» tumées de la dernière année ; et si le maître ou
» fermier à venir souhaite de prendre à son profit
» lesdits biens, il est obligé de payer au fermier
» qui sort les labours, engrais et semences, au
» dire de gens à ce connaissans.

» *Art.* 13. Un fermier qui sort a la faculté de la-
» bourer les terres en chaume jusques à la veille
» de Noël, qui est le dernier jour de son bail ; et le
» fermier entrant est obligé de l'en satisfaire sui-
» vant la prisée.

13.

» *Art.* 14. Le maître ou le fermier est tenu de
» payer le tiers des engrais charriés dans les ja-
» chères de la dernière année, avec le tiers des voi-
» tures et de l'épanchement, à l'estimation de gens
» à ce connaissans.

» *Art.* 15. Le maître ou fermier qui doit entrer
» est obligé de faire compte à celui qui sort du tiers
» des fossés faits dans la dernière année de sa
» ferme, pour les fruits d'été, au dire de gens à ce
» connaissans. »

Ces coutumes sont, pour ainsi dire, les seules qui aient prévu les difficultés auxquelles donnent lieu les rapports transitoires du fermier entrant et du fermier sortant, lorsque le bail a pour objet une exploitation soumise à l'assolement triennal. Mais en voulant éviter un inconvénient, elles sont tombées dans un autre. La plus mauvaise combinaison, en effet, est celle qui, constituant le propriétaire débiteur du fermier, offre à celui-ci l'alternative d'une reconduction ou d'une indemnité pour ses labours, engrais et semences. Par cela même que le chiffre de cette créance est indéterminé et subordonné à une expertise, il en résulte que le propriétaire préfère laisser le fermier en jouissance, et même l'autoriser à céder ses droits, plutôt que de tenter la chance d'une relocation à un tiers que l'expectative de cette indemnité à payer immédiatement, n'encourage pas à offrir un prix supérieur à celui de l'ancien bail. De-là, sans doute, l'origine d'un abus qui s'est perpétué depuis plusieurs siècles dans certains cantons de la Picardie, de la Champagne, de l'Artois, du Cambrésis et du pays de Liége, sous le nom de *mauvais gré* ou de *droit de marché*.   (Voir l'article suivant.)

76.

A Chilly, en Chillois, on tue son homme
au coin d'un bois.

(Picardie. — Artois)

Ce dicton satirique paraît être une allusion aux mœurs vindicatives des habitants du Santerre et aux déplorables excès qui y sont la conséquence du *droit de marché*. On appelle ainsi un usage abusif en vertu duquel les fermiers de ce pays se perpétuent dans leur jouissance contre la volonté des propriétaires, et retrocèdent leur bail moyennant un prix qui est quelquefois du quart, du tiers et même de la moitié de la valeur vénale de l'immeuble affermé.

La situation que cet usage fait au propriétaire, est telle qu'il lui est impossible d'augmenter son revenu, tant qu'il n'a pas désintéressé le fermier par le rachat de son droit de marché. S'il veut le déposséder sans lui payer d'indemnité, il ne trouve personne pour reprendre ses terres, ou s'il rencontre par hasard un amateur, celui-ci ne tarde pas à se voir en butte au ressentiment systématique d'un ennemi invisible, qui commence par le bris des charrues, le vol et la destruction des récoltes, la mutilation des arbres et des bestiaux, pour finir par l'incendie des bâtiments, quelquefois même par l'assassinat de celui qui a été assez téméraire pour s'exposer à mériter le nom maudit de *dépointeur*.

On prétend que, à une époque dont il est impossible de préciser la date, une convention serait intervenue entre les propriétaires et leurs fermiers, et que ceux-ci, moyennant une somme payée par eux, auraient obtenu un bail sans terme et un droit de jouissance qui, par la suite des temps, ne devait éprouver ni changement ni variation. Mais cette assertion est dénuée de toute espèce de preuve historique.

Ce qui est plus vraisemblable, c'est la supposition d'un pacte secret entre personnes y ayant un même intérêt, qui se seront coalisées à l'effet de s'assurer la tranquille possession de leurs tenures, lorsque le retour de la paix leur a fait entrevoir l'espérance de se couvrir des pertes qu'elles avaient essuyées pendant les ravages de la guerre : supposition d'autant plus admissible que les propriétaires eux-mêmes ont dû saisir cette occasion de se montrer plus exigeants sur les conditions du renouvellement de leurs baux.

Quoiqu'il en soit, si la coalition n'est pas la cause originelle du droit de marché, au moins elle a été le moyen de l'affermir et de le perpétuer, car nous voyons les fermiers, non seulement ne pas se faire concurrence les uns aux autres, mais encore se prêter aide et assistance pour assurer l'impunité des crimes que l'un d'eux peut commettre en se vengeant d'un dépointeur. Quand ils n'y coopèrent pas activement, ils s'y associent par leur résistance aux investigations de la justice, et par les efforts qu'ils font pour dérober le coupable à la vindicte des lois.

On a vu, au commencement de ce siècle, un malheureux fermier tué en plein jour d'un coup de fusil. Parmi les 200 témoins de cette scène de violence accomplie dans une église, il ne s'en est pas trouvé un seul qui osât révéler le nom du coupable; tous déclarèrent avoir vu l'effet de l'arme homicide, mais ne pas avoir reconnu l'assassin qui en avait fait usage. (*Observations de la Commission consultative de Douai sur le projet de Code rural*, VERNEILH, tome I, page 260.)

Déjà, à plusieurs époques, le législateur s'est préoccupé du droit de marché ; mais ses efforts pour le faire cesser ont toujours été impuissants.

Il y a donc une cause qui explique la persistance de cette coutume barbare si invétérée que, depuis des siècles, elle continue de braver la justice et les lois. Cette cause n'est pas bien difficile à découvrir. Le droit de marché se transmet par héritage, se transporte à titre gratuit et onéreux, en vertu d'actes publics et authentiques revêtus des formalités et donnant lieu à la perception des droits de timbre et d'enregistrement qui accompagnent les autres actes translatifs de la propriété. On conçoit dès-lors que les porteurs de semblables titres —

c'est le cas dans lequel se trouvent aujourd'hui la plupart des possesseurs du droit de marché, — opposent une opiniâtre résistance à la prétention du propriétaire qui leur en conteste la légitimité, ou qui les évince sans leur offrir le dédommagement de leur droit de jouissance.

Il faut dire aussi que plusieurs propriétaires, en faisant des concessions de biens avec réception et reconnaissance de sommes d'argent, opèrent ainsi une sorte de confusion entre les anciennes et les nouvelles tenures. Or, ce fait seul donne une apparence de fondement à l'opinion de ceux qui prétendent que ce qu'on fait aujourd'hui a dû se faire autrefois, et que telle serait la cause première d'un usage qui a produit de si déplorables conséquences. Ce qui a été dit dans les deux articles précédents, vient encore à l'appui de cette opinion.

Il est toutefois à remarquer que le droit de marché perd insensiblement de sa valeur. Elle est tombée de 1800 à 900 fr. l'hectare, dans quelques cantons; dans d'autres, elle varie de 200 fr. à 500 fr. Le morcellement des grands domaines, l'introduction de la culture industrielle, les locations en détail et la suppression progressive de la jachère, lui ont déjà porté de graves atteintes. Le temps et les transactions acheveront de faire disparaître un usage qui est une plaie pour notre pays et une honte pour la civilisation.

77.

> Deux fruits sur un fumier,
> Récompensent le fermier.

(Flandre.)

En d'autres termes, le fermier, à la fin de son bail, n'a pas droit de réclamer l'indemnité de ses engrais lorsqu'il a récolté deux sortes de fruits sur un même fumier. (COURTRAI, *rub.* VII, art. 35. — BERGUES-SAINT-VINOX, *rub.* VII, art. 20.— ECCLOO, *rub.* V, art. 15.)

78.

> Fumier qui porte un fruit
> Perd moitié de son prix.

(Flandre.)

Comme conséquence de la règle précédente, il

est juste que, dans la prisée des impenses faites par un fermier sortant, on ne compte plus que comme demi engrais le fumier sur lequel il a récolté un fruit.

Cette règle résulte de l'article 117 de la coutume du Pays du Franc de Bruges ainsi conçu :

« L'engrais charrié dans la terre où il y a eu un » fruit, est réputé pour demi engrais. »

79.

Verdure sur jachère
Est engrais pour la terre.

(Picardie.)

Dans le département de la Somme, l'usage ne considère pas comme dessolement une verdure sur jachère, pendant la dernière année du bail, lorsque le fermier sortant la fait pâturer sur place par ses bestiaux, de manière à laisser la terre libre à la Saint-Jean qui précède l'entrée en jouissance du nouveau fermier.

80.

Récoltes ne peut vendre
Qui les pailles doit rendre.

L'interdiction portée par la loi du 6 messidor an III, de vendre les grains en vert pendants par racines, n'est pas applicable, aux termes du décret du 23 du même mois, aux ventes qui ont lieu par suite de tutelle, curatelle, *changement de fermiers,* etc. Mais cette liberté accordée au fermier sortant ne peut préjudicier aux clauses du bail qui l'obligent à laisser au fermier entrant les pailles et fourrages de la dernière récolte.

81.

Fermier qui rend houblonnière ou prairie
La remettra de deux ans rétablie.

(Flandre.)

Coutume de Poperingue, titre vi , art. 15 :

« Quiconque laboure les anciennes prairies —
» ce qui n'est permis à personne sans le consente-

» ment du propriétaire — et qui en fait une hou-
» blonnière, devra, à sa sortie, délaisser ladite
» terre plantée de plants de houblon de deux ans
» au moins, ou en faire une prairie deux ans avant
» la fin de son bail. »

SECTION III.

BAIL D'ANIMAUX.

82.

Qui rend les peaux, rend le troupeau.

C. N.

Cette règle trouve son application dans le bail à cheptel, contrat par lequel on donne, à un autre, du bétail à garder, nourrir et soigner, à la condition que le preneur profitera de la moitié du croît et qu'il supportera aussi la moitié de la perte.

Toutefois, le preneur qui doit veiller à la conservation du cheptel, en bon père de famille, n'est pas tenu de la perte, lorsqu'il prouve que le cheptel a péri par cas fortuit, sans qu'il y ait faute de sa part. Dans ce cas il n'est tenu que de rendre compte des peaux. (C. N. art. 1804, 1809.)

83.

Qui loue un veau, loue une vache.

(Picardie.)

Dans certains pays de pâturages, et particulièrement dans le Marquenterre, les vaches sont les bestiaux qu'on donne le plus fréquemment à loyer. Si la vache est adulte, le bail est censé fait pour un an ; si elle ne l'est pas, *le preneur doit en jouir vache aussi longtemps qu'il l'a nourrie veau*, car il est de toute justice qu'il ait au moins le profit des laitages aussi longtemps qu'il a eu la charge de la nourrir pour rien.

SECTION IV.

LOUAGE DES SERVICES.

***

84.

* Qui le denier à Dieu a reçu, d'entrer en service
est tenu.

(Flandre.)

Dans quelques contrées, le louage des domestiques attachés à la personne, n'est parfait que lorsque le serviteur a reçu des arrhes ; mais ces arrhes qu'on appelle le *Denier à Dieu*, ne s'imputent pas sur le prix et ne sont donnés qu'en reconnaissance d'un contrat verbal.

Quelques coutumes cependant décrétaient une peine contre le domestique qui n'exécutait pas un engagement scellé de cette façon.

Coutume de Furne, titre xxxiv, *art.* 1 :

« Quand quelques domestiques, valets ou ser-
» vantes se sont dûment loués et qu'ils ont reçu *le*
» *Denier à Dieu*, ils sont tenus de faire le service

14.

» pour lequel ils se sont engagés, sous peine de
» douze livres d'amende, dont moitié au seigneur
» et l'autre à la partie intéressée, et aussi à peine
» de perdre leur loyer au profit de leur maître, si
» ce n'estoit pour cause de mariage, maladie ou
» autre raison. »

85.

Jamais contrat pour la moisson,
Après la Saint-Jean, ne se rompt.

(Picardie).

Les moissonneurs sont payés en nature ou en argent. Ceux qui sont payés en nature s'engagent pour un an, depuis la Saint-Remi jusqu'à la dernière gerbe. Pendant l'année qui précède la récolte, ils sont tenus à certains travaux supplémentaires qu'on appelle *corvées*, pour lesquels ils ne reçoivent que la nourriture seulement, les jours où ils sont employés chez leur maître.

Tout moissonneur qui a fait les corvées a droit de faire la moisson. Le maître qui le renvoie avant la Saint-Jean, doit lui payer le prix de ses corvées; mais si le moissonneur quitte son maître avant cette époque, celui-ci n'a rien à lui payer.

Le moissonneur salarié en argent, s'engage pour faire tous les travaux de la moisson, depuis la Saint-Jean jusqu'à la récolte terminée.

A partir de la Saint-Jean, le moissonneur payé en nature, comme le moissonneur payé en argent, est tenu de finir les travaux pour lesquels il s'est loué, et le maître ne peut plus le congédier.

86.

Serviteur loué pour les champs,
L'hiver travaille pour ses dents.

(Picardie.)

Le louage des serviteurs attachés à l'agriculture a fait l'objet, dans la province de Picardie, de quelques réglements des bailliages et sénéchaussées qui sont encore observés aujourd'hui.

Les usages relatifs à la durée des engagements, à la division du salaire des domestiques de labour, des bergers et des moissonneurs, ont été constatés par une sentence fort ancienne du bailliage de Péronne et par un arrêté réglementaire du Tribunal civil de cet arrondissement, du 21 germinal an IX.

Les domestiques de labour et les bergers s'engagent pour un an qui commence le 1ᵉʳ ou le 11 novembre. Jusqu'au 1ᵉʳ mars ils travaillent pour la nourriture seulement. Leurs gages se divisent par tiers, dont le premier terme est exigible le 24 juin, le second le 1ᵉʳ septembre et le troisième à l'expiration de leur engagement. S'ils quittent leur maître avant le 1ᵉʳ mars, ils n'ont droit à aucun salaire ; mais le nouveau maître qui les prend à son service, avant le 1ᵉʳ mars ou au 1ᵉʳ mars, leur donne le même salaire que celui auquel ils auraient droit s'ils avaient servi toute l'année, en sorte qu'ils n'éprouvent aucun préjudice.

On peut considérer comme général, dans les provinces du nord de la France, l'usage de diviser l'année en deux ou trois périodes de service emportant chacune une portion du salaire plus ou moins élevée selon que les travaux des champs sont plus ou moins pénibles pour ceux qui les font, plus ou moins urgents pour celui qui les fait faire. Presque partout, la rémunération des valets de charrue est moins forte pour le service d'hiver que pour le service d'été. Il y a des cantons où ils gagnent autant pour les quatre mois de juillet, août, septembre et octobre, que pour les huit autres.

87.

De la Saint-Jean à la fin d'octobre,
Le berger est forcé d'être sobre.

(Picardie).

Le service des bergers de commune se divise en trois périodes distinctes : la première , du 1er novembre au 2 février, ou du 11 novembre au 15 mars , comprend le temps pendant lequel les moutons restent à l'étable ; la seconde, du mois de février ou mars jusqu'au 24 juin , comprend le temps de la dépaissance jusqu'à la tonte ; la troisième , du 24 juin jusqu'à la Toussaint ou à la Saint-Martin , embrasse toute la saison du parc.

Pour les deux premiers termes les bergers sont payés en argent , pour le troisième en blé. La partie du salaire qu'ils reçoivent en nature est-elle un moyen imaginé pour servir de frein à ceux qui ont contracté des habitudes d'intempérance ? C'est du moins celle que la famille qu'ils ont à soutenir a le plus de chance de soustraire à l'attraction des cabarets.

14*

88.

* Le troupeau paye en temps de pâturage ;
La terre paye en saison de parcage.

(Picardie.)

La rétribution du berger de commune est payée en argent, proportionnellement au nombre des bêtes à laine que chacun des participants à mis au troupeau commun. Mais le salaire en blé qui lui est dû, pendant la saison du parc, est payé par les propriétaires des terrains parqués, dans la proportion du nombre de nuits attribué à chacun d'eux.

89.

Qui sert et ne continue,
Sa récompense est perdue.

(Droit coutumier.)

C'est la maxime du Droit coutumier : *qui sert et ne parsert, son loyer perd. (Institutes de Loisel, édition* DUPIN et LABOULAYE, n.° 475). Cela veut dire que celui qui se loue pour un certain temps, est tenu de servir tout ce temps, sinon il perd son loyer.

Coutume de Cassel, art. 471 :

« Défenses sont faites à toutes servantes, à tous
» valets, ouvriers ou gens de travail qui se seront
» loués ou auront entrepris quelqu'ouvrage, de s'en
» aller avant le temps que leur service ou ouvrage
» sera achevé, *à peine de correction arbitraire.* »

Le droit flamand considérait la désertion du service ou de l'ouvrage commencé comme un délit ; mais l'ancien droit français ainsi que le nouveau, n'y a jamais vu qu'un fait pouvant donner lieu à une réparation civile, pour garantie de laquelle le maître est autorisé à retenir le salaire de l'ouvrier ou de l'entrepreneur qui manque à ses engagements. Le louage de service et d'ouvrage constitue l'obligation de faire qui, aux termes de l'art. 1142 du C. N., se résout en dommages et intérêts, en cas d'inexécution de la part du débiteur.

90.

Maître qui soigne un valet alité
Passe un contrat de réciprocité.

(Midi de la France.)

Il est assez difficile de déterminer le chiffre de

l'indemnité que le maître peut réclamer de son ser
viteur lorsque celui-ci est empêché pour cause de
maladie. Le plus ordinairement, le maître retient,
sur les gages du domestique malade, le prix des
journées de celui qui le remplace. Voici à cet égard
quelle était la règle adoptée par quelques coutumes
du midi de la France.

Coutume de Bayonne, titre VII :

« ART. 20. — Serviteur ou servante qui a loué ses
» œuvres pour un an ou autre temps, et qui n'a pu
» servir le temps du louage pour raison de maladie
» ou autrement, si, durant le terme de l'empêche-
» ment, le maître a fait les dépens au serviteur, le
» serviteur ou servante, cessant l'empêchement,
» est tenu de servir son maître deux jours pour un
» de l'empêchement.

» ART. 21.— Mais, si son dit maître ne lui a fait
» ses dépens, durant le dit temps, il est quitte en
» servant un jour pour un autre. »

La coutume de Labourt, titre VI, art. 15, et la
coutume de La Sole, titre XXIII, art, 1ᵉʳ, disposent
dans le même sens.

91.

* Qui prend valet chez un autre en service
Au précédent maître fait préjudice.

(Flandre.)

Le fait de prendre à son service un domestique qui n'est point libéré de ses engagements antérieurs, ne rend le nouveau maître responsable que lorsque celui-ci a contracté en parfaite connaissance de cause. Les anciens statuts de la Flandre exigeaient qu'au préalable il s'informât des motifs de la sortie. Telle est, en effet, l'obligation qu'impose l'art. 76 du Réglement de la ville et franchise d'Eccloo , du 24 mars 1660 :

« Que personne ne s'ingère de prendre garçons
» et filles à son service ou de les y recevoir dans le
» temps du mois de mai, sans s'être informé s'ils
» sont délogés du consentement de leurs maîtres ou
» maîtresses ou pour autre cause notable , à peine
» de l'amende de six livres parisis. »

Au *Livre des usaiges et anciennes coutumes du conté de Guysnes,* publié par la Société des Antiquaires de la Morinie en 1856 , page 38 , art. 56 , §. 3 , on lit :

« Item nul maistre ne doit louer, ne mectre en
» euvre nul varlet qui soit avecques aultruy, pour-
» tant que son maistre le vueille avoir pour tel
» argent que ung autre lui veult donner, sur l'a-
» mende de X sols parisis. »

92.

Le samedi solde en entier
La semaine de l'ouvrier.

Les ouvriers et journaliers qui s'engagent pour un travail suivi, sont réglés à la semaine et payés le samedi, jour de l'échéance des loyers de la classe ouvrière. Cet usage qui est fort ancien était déjà en vigueur au XVe siècle, ainsi que le constate le *Livre des usaiges du conté de Guysnes*, page 38, §. 25 :

« Item que les varlets (des drapiers) fassent le se-
» rement, par chascun samedi, quilz sont payez de
» leurs louyers par leurs maistres... »

SECTION V.

LOUAGE D'OUVRAGE.

93.

D'autrui qui laboure la terre
Doit charrier ce qu'il enterre.

(Picardie.)

Les cultivateurs qui font des labours pour autrui s'engagent pour tout faire, jusqu'à la récolte inclusivement, ou pour ne faire que les labours seulement.

Celui qui s'engage pour tout faire, doit donner au sol toutes les préparations nécessaires, en temps et saison convenables, charrier les engrais, enterrer les fumiers et la semence, rentrer les récoltes. L'obligation qu'il contracte se résume en deux mots : *mener* et *ramener*.

Les travaux de culture une fois commencés ne peuvent plus être interrompus que du consentement des deux parties.

Celui qui s'engage pour les labours seulement, n'est tenu que de finir la pièce qu'il a commencée.

Quand le laboureur a hersé, quand le propriétaire a payé le prix convenu, ils sont quittes l'un envers l'autre. Cet usage est général en Picardie.

Toute personne pour qui on a fait des labours, peut exiger que l'ouvrage soit visité, dans les trois jours, par des experts qui vérifieront si la terre a été cultivée comme elle doit l'être. En cas de faute ou de négligence dans le travail, le maître et le domestique sont tenus de payer chacun la moitié des frais d'expertise.

Coutume locale d'Ongnies, art. 46 :

« Que nul qui ahenne terres d'autruy à deniers,
» qui ne les ahenne que bien et souffisamment jus-
» ques au dit des awardeurs, sur l'amende de 3
» sous ; et soit fait l'awart en dedans le tiers jour
» de la terre ahennée ; et s'en paie le maître la moi-
» tié et le varlet l'autre moitié. » *(Cout. loc. du Baill. d'Amiens*, II, p. 415).

« Il est ordonné que tous ceuls qui prennent terres
» à labourer, ils les doyvent faire bien et suffisam-
» ment par le regard des coratiers sur l'amende de
» V sols parisis. *(Usaiges du conté de Guysnes*, p. 44. art. 71.)

TITRE VII.

GLANAGE ET PATURAGE.

SECTION I.

DU GLANAGE.

94.

Les derniers épis, en tout lieu,
Sont pour les pauvres du bon Dieu.

(Tradition biblique).

On dit aussi : *La maison du pauvre est déserte,
quand la grange de Dieu est ouverte*, pour exprimer le droit réservé aux vieillards, aux femmes et aux enfants pauvres d'aller glaner, dans les champs, après l'ouverture de la moisson.

15.

Le glanage et le grapillage ont une même origine et s'appuient sur une même tradition religieuse qui remonte jusqu'aux lois de Moïse, où le droit du pauvre de glaner les derniers épis des moissons et de recueillir les derniers fruits des arbres et des vignes, est érigé en précepte divin. C'est Dieu lui-même qui a dit par la bouche de son interprète :

« Lorsque vous ferez la moisson dans vos champs,
» vous ne couperez point jusqu'au pied ce qui sera
» crû sur la terre et vous ne ramasserez point les
» épis qui seront restés (Lévitique, ch. 19, w 9).
» Quand vous aurez cueilli les fruits de vos oliviers,
» vous ne reviendrez pas pour reprendre ceux que
» vous aurez laissés sur les arbres ; quand vous au-
» rez vendangé votre vigne, vous n'irez point cueillir
» les raisins qui y seront restés, mais vous laisserez
» toutes ces choses au pauvre, à l'étranger, à la
» veuve et à l'orphelin, afin que Dieu vous bénisse
» dans toutes les œuvres de vos mains (Deuteronome
» ch. 24, w. 19, 20, 21. — Lévitique, ch. 19,
» w. 10). »

95.

Glanage passe avant pâturage.

L'article **21**, titre **2** de la loi du **28** septembre

1791, ne permet le glanage qu'après l'entier enlèvement des fruits. L'article 22 défend aux pâtres
et aux bergers de mener les troupeaux d'aucune
espèce dans les champs moissonnés, avant l'expiration des deux jours qui suivent la récolte.

Cette disposition, conforme d'ailleurs au texte et
à l'esprit des coutumes, s'explique par un senti-
ment de dignité publique qui se révolte à l'idée de
laisser des hommes et des animaux se précipiter
pêle-mêle dans un champ pour y chercher leur
nourriture. La raison et l'humanité commandent
d'accorder la priorité aux glaneurs qui ne ramassent
que les épis, avant de permettre le pâturage aux
bestiaux qui dévorent tout à la fois les épis et les
herbes.

96.

Jusqu'au mois de mai, on marche dans les blés.

(Picardie.)

L'usage de permettre aux habitans pauvres, en
certaine saison, d'aller cueillir et ramasser les
herbes qui poussent dans les blés et autres grains,

jusqu'à ce que l'autorité municipale le défende, ne peut être considéré aujourd'hui , malgré les nombreuses coutumes locales qui le consacrent , que comme une simple tolérance (1). Les arrêtés des maires , dans un grand nombre de communes, règlent l'exercice de cet usage que ne saurait légitimer l'adage populaire qui fait l'objet de cet article. Il s'élève d'ailleurs des doutes sérieux sur la légalité de semblables mesures auxquelles les tribunaux peuvent refuser toute espèce de sanction , lors-

(1) *Coutume locale d'Oisy*, charte de 1216, art. 13 :

« Après l'yssue de may, quiconques cueillera herbe en blé » d'autruy vesce ou pois, s'il est du chastel, doit au seigneur » six deniers ; s'il est estrangers , douze deniers doit ; et qui, » après le feste saint Jehan-Baptiste , cœulle herbe en avaine, » il querra en ladite peine. » (Cout. loc. du Bail. d'Amiens , II, p. 426).

L'art. 28 de la charte de Marquion de 1238, reproduit cette disposition. (Cout. loc. *ut suprà* , p. 438).

Cout. loc. de Baralle et Buissy , art. 78 , 79 :

« Si li messiers treuve erbilleurs ou erbilleresses en blés » soilles ou secourions, après le deffense faite par le maïeur, » ou es terres querquiés de mars, exceptez poix et vesches » qui sont deffendus dès qu'on les sème, se ne sont cheux à qui » il sont pour roster aucune ordure qui les porroient grever ; » et qui feroit autrement il seroit à l'amende de xii deniers » cambresis. » (Cout. loc. *ut suprà*, p. 460).

qu'elles sont en opposition avec le droit des propriétaires.

SECTION II.

DU PATURAGE.

97.

Pâtis commun n'est à aucun.

(Droit romain. — Pays Messin).

Celui qui participe à la vaine-pâture du territoire
où sont situées les terres qu'il exploite, ne peut
céder ni transporter ce droit à un autre. S'il s'abs-
tient de l'exercer, la jurisprudence du Conseil d'état
n'autorise point les autres participants à se mettre
en son lieu et place, pour compléter, par le nombre
de leurs bêtes à laine, le nombre qui lui est attribué dans la répartition du contingent proportionnel.

De même, s'il s'agit d'un marais, d'une lande
ou de tout autre pâturage communal, ceux qui y

15*

ont droit de communauté ne sont pas fondés à en demander le partage, parce que ce qui est destiné à l'usage d'une généralité d'habitans ne constitue qu'un simple droit de participation qui s'acquiert avec le domicile et se perd par la cessation de résidence (1). La loi seule, lorsque l'intérêt général l'exige, peut en prescrire l'aliénation, en ordonner le partage ou en changer le mode de jouissance.

Une mesure semblable est maintenant en voie d'exécution dans les départemens de l'Ouest. Elle a été décrétée pour favoriser le défrichement et la mise en valeur des vastes terrains de landes, de bruyères qui couvrent encore le sol de la Bretagne.

(1) « Les communautés ne peuvent vendre, donner, échan-
» ger ou autrement aliéner leurs bois, terres, pasturaux et
» autres biens de leur communauté, ni leur faire changer de
» nature, sans l'aveu du seigneur du ban, sous peine de nullité
» des contrats, et aussi ils ne peuvent vendre la pâture com-
» mune, ni en user autrement que pour la nourriture de leur
» bétail. » (Coutume générale de la ville et cité de Metz, titre XII, art. 2. — Cout. de l'évêché de Metz, titre XIV, art. 14).

Res quæ corporis alicujus sunt, ita intelliguntur esse commu-nes, ut privatim nemo earum dominus sit (L. 6, § 1. D. de rer. divis).

98.

Qui n'a labourage, n'a pâturage.

(Droit coutumier).

Cette maxime ne s'applique plus qu'à la vaine-pâture, droit en vertu duquel tous les propriétaires et fermiers exploitants d'une même commune, peuvent faire paître leurs bestiaux sur les terres non closes des uns et des autres, lorsqu'elles sont entièrement dépouillées de leurs récoltes. Il suit de là que chacun des ayants-droit ne peut envoyer à la vaine-pâture, par troupeau commun ou séparé, qu'un nombre de bestiaux proportionné à la quantité de terres qu'il exploite dans l'étendue du territoire, et que celui qui clôt une partie de ses propriétés est obligé de réduire d'autant le nombre de ses bêtes, car la loi veut qu'il y ait égalité de charges et de profits entre les participants.

La faculté accordée par la loi de 1791 à chaque chef de famille pauvre, de mettre à la vaine-pâture une vache et son veau, ou six bêtes à laine, ne contredit pas le principe de cette loi, car le bétail rend à la terre, par le fumier et l'engrais, l'équivalent de la nourriture qu'il y trouve. Les moutons de ceux qui n'ont point de propriétés procurent le profit du parc à ceux qui en ont ou qui en exploitent.

99.

* Tout le bétail qu'on a nourri l'hiver,
Dans les communs peut être mis au *ver* (1).

(Auvergne.)

Cette maxime n'est que la traduction libre du vieil adage de l'Auvergne : *bétail hiverné, bétail estivé*, adage beaucoup trop concis pour n'avoir pas besoin d'explication et de commentaire.

Dans cette province, on ne peut mettre, pendant l'été, dans les pâturages communs, que le nombre de bestiaux qu'on a nourris, chez soi, pendant l'hiver, avec les foins et pailles de sa récolte.

En effet, d'après une disposition de la coutume locale de Trizac (Haute-Auvergne) chacun des habitans de cette commune peut *estiver* (faire paître pendant l'été), dans les montagnes pastorales, autant de bétail qu'il en a *hiverné* (nourri pendant

(1) Du latin, *ver, veris* : printemps.

l'hiver), de ses foins et pailles récoltés sur ses propres héritages, dans la paroisse. Mais il lui est interdit d'y envoyer des bêtes prises à louage.

La coutume locale de St.-Paul (même province), exige qu'on tienne à l'étable le jour de la saint Martin d'hiver, tout le bétail qu'on veut estiver dans les montagnes communes. Cette condition est sous peine de déchéance. Si le métayer vend quelques-unes de ses bêtes après l'hiver passé, il peut les remplacer par d'autres. Mais cette faculté lui est interdite, pour celles qu'il retire de la montagne, après l'ouverture de la dépaissance.

En vertu d'une décision des États, commune aux pays de la Haute et de la Basse Auvergne, quand il s'agit de supputer le nombre de têtes de bétail qui formeront le troupeau d'une montagne commune, on procède ainsi :

« Une vache laictant tendrière avec son veau est
» comptée pour une tête ; une vache borrière laic-
» tant avec son borret pour une tête ; une jument
» laictant avec son poulain pour deux têtes ; un dou-
» blon ou tierçon, doublonne ou tierçonne de ju-
» ment pour deux têtes ; quatre borrets ou borrettes
» à cornes d'un an pour une tête ; quatre borrets ou
» borrettes d'un an de chevalin pour deux têtes ;

» deux doublons de vache pour une tête ; un dou-
» blon ou tierçonne de vache pour une tête ; six
» brebis pour une tête. » (Cout. loc. de Marminhac,
paroisse de Cros , Haute-Auvergne).

Aujourd'hui , le droit de faire paître les communaux appartient à tous les domiciliés indistinctement
et le nombre des bestiaux n'est pas limité par la loi.

100.

La brebis mère et l'agneau
Ne font qu'un dans le troupeau.

(Picardie).

Il est d'usage, pour la fixation du nombre proportionnel de bêtes à laine que chaque propriétaire
peut envoyer à la vaine-pâture , de ne compter les
agneaux comme têtes de bétail, qu'à partir de la
Toussaint, ou que du moment ou les mères sont vendues.

101.

De Notre-Dame en mars jusqu'à la faux
Les prés à foin sont fermés aux troupeaux.

(Lorraine.)

Cette règle, empruntée à la coutume de Lorraine,

titre xv, art. 5, est encore d'une application générale, car, dans tous les pays où on les soumet à
la vaine-pâture, les prés sont en défense depuis la
mi-mars jusqu'à la St.-Jean ou la Madeleine (22
juillet), quand on n'y fait qu'une seule coupe de
foins, ou depuis la mi-mars jusqu'à la St.-Remy
(1er octobre), quand la seconde herbe est réservée.

Cet usage a été maintenu provisoirement par la
loi du 28 septembre 1791 (titre 1er, sect. 4, art. 10).

102.

Vignes, en tout temps, sont en défense.

(Droit coutumier)

De tout temps, les vignes ouvertes ont été affranchies de la servitude qui assujettissait à la vaine-
pâture les terrains non clos, après l'enlèvement des
fruits.

La défense d'y faire pâturer les bestiaux, en
quelque saison que ce soit, est comprise implicitement dans la disposition de l'article 3, section iv,
titre 1er de la loi du 28 septembre 1791, par la
raison que cet article n'autorise la vaine-pâture

que dans les lieux où elle était fondée sur un titre
particulier ou sur un usage immémorial.

103.

* La vache laisse le gazon
Qu'a foulé le pied du mouton.

On a cherché à expliquer le motif qui fait interdire le pâturage des prés aux bêtes à laine, par
le dégoût qu'éprouve l'espèce bovine à se repaître
d'une herbe que les moutons ont déjà foulée ; mais
l'interdiction a une autre cause qui est expliquée
dans l'article suivant.

104.

Le mouton tond, mais la chèvre détruit.

La principale raison qui empêche d'admettre
l'espèce ovine au pâturage des prairies, est que
les moutons tondent l'herbe de très-près et ne
laissent rien aux autres espèces, tandis qu'après
les gros bestiaux, il s'y trouve encore des résidus

qui peuvent être utilisés. Un usage presque général aujourd'hui, permet d'envoyer les bêtes à laine
dans les marais pendant l'hiver, c'est-à-dire depuis le 15 décembre jusqu'au 15 février. La présence des moutons y est d'autant plus utile, à cette
époque, que leur piétinement contribue à rabattre
les taupinières et à raffermir le sol soulevé par la
gelée.

Les chèvres généralement ne sont point souffertes
dans les pâturages communs bordés par des plantations, parce que ces animaux, en rongeant les
jeunes pousses, font périr celles qui sont à la portée
de leur dent meurtrière.

L'article 21 du Réglement de la ville et franchise
d'Eccloo du 23 mars 1660, prescrit d'accoupler
les chèvres deux ensemble. S'il n'y en a qu'une,
on doit lui faire traîner un bloc d'un poids suffisant,
ou bien l'accoupler à un mouton, sous peine de
20 livres d'amende.

Plusieurs coutumes qui ont établi un tarif d'a-
mendes proportionnelles au dommage et aux dégâts que peuvent causer les différentes espèces de
bestiaux, appliquent la moindre au mouton et
la plus forte à la chèvre. Ainsi l'art. 348 de la cou-

tume de la Marche, taxe le mouton à **1** denier, le pourceau à **2** deniers, la vache et le bœuf à **4** deniers, le cheval non ferré à **8** deniers, le cheval ferré à **16** deniers et la chèvre à **3** sous.

105.

*Les dindons, dans les champs dévêtus,
Ne ramassent que les grains perdus.

Les dindons sont compris parmi les animaux domestiques qu'il est permis d'envoyer à la vaine-pâture. Dans beaucoup de communes, ils forment des troupeaux considérables qu'on met sous la garde des femmes où des enfants, lorsque la récolte est entièrement terminée, et que tout ce qui a échappé à la main du moissonneur a été ramassé par les glaneurs et les bestiaux. Il est de l'intérêt de l'agriculture que les grains tombés des épis et répandus sur le sol, puissent être utilisés. Mieux vaut sans doute faire servir ces grains à la nourriture des dindons que de les laisser perdre, sans profit pour personne, sur la terre dont ils s'approprient les sucs nourriciers par une végétation intempestive, quand ils ne sont point un appât pour les rongeurs qu'ils attirent.

106.

Dans le pâturage des champs
Réserve est due aux bœufs arans.

(Auvergne.)

Dans presque tous les pays de parcours réciproque, les paroisses étaient autorisées, par leurs coutumes, à réserver une partie de leurs pâturages pour les bœufs labourant sur le territoire de la commune. Ainsi, dans le quartier de la Limagne et Bas-pays d'Auvergne où les pâturages se limitent par juridictions, les habitants, en une même justice et village, peuvent destiner au bétail *arant et labourant* une partie de leurs pâturages communs, où il est défendu de mettre ou faire pâturer toute autre espèce de bétail, jusqu'à la fête de Sainte-Croix, en septembre. (*Coutume d'Auvergne,* ch. 28, art. 6. — *Cout. loc. de Montmorin,* art. 5.)

107.

Le pâturage de nuit aux bêtes oisives est
interdit.

(Picardie).

Le pâturage de nuit, dans les marais communaux, usage autrefois général dans certaines vallées
de la Picardie et de l'Artois, est aujourd'hui tombé
en désuétude. C'était une faveur à laquelle les bêtes
oisives ne participaient pas.

Ainsi, aux termes de l'article 6 de la coutume
locale du village de La Rosière (arrondissement de
St.-Pol) et de l'article 11 de la coutume locale de
Mézerolles (arrondissement de Doullens), les habitants ne peuvent mettre au marais pendant la nuit,
ou les y *laisser gésir*, que les chevaux qui ont labouré le jour précédent sur le territoire de la commune. (*Cout. loc. du Bailliage d'Amiens*, tom. II,
pages 132, 139.)

Aux termes de l'article 7 de la coutume locale
de l'échevinage d'Ocoche (Doullens) :

« Toutes bestes oyseuses ne peuvent estre mises
» aux maretz et pasturages communs d'icelle ville,

» que de jour et entre soleil levé et soleil esconsé ,
» sans commettre amende de soixante sous , par
» chascun et pour chascune foys. » (Cout. loc. *ibid.*,
II , p. 148).

108.

* Bestiaux mâles âgés d'un an
Dans les communs sont mis au ban.

(Picardie).

L'article 7 de la coutume locale de Beaurains ,
arrondissement de Montreuil-sur-Mer (Pas-de-Cal.),
interdit, sous peine de confiscation, de mettre aucun
taureau ou verrat , dans le marais entre Beaurain-
Ville et Beaurain-Château. (*Cout. loc. du Baill.
d'Amiens*, IV, p. 604.)

L'article 7 de la coutume locale d'Outrebois près
Doullens (Somme), défend, sous pareille peine de
confiscation, d'envoyer, dans les marais de cette
commune, aucun poulain mâle âgé de plus d'un
an. (*Cout. loc. ibid.,* p. 154.)

Le motif de cette défense n'a pas besoin d'explication.

16*

109.

* Les porcs qui retournent la terre
  D'un pâtis font une jachère.

(Droit coutumier).

Toutes les coutumes interdisent les prairies à l'espèce porcine, parce que les porcs qui fouillent la terre pour y chercher leur nourriture, détruisent le pâturage des autres espèces. Cependant on les tolère dans quelques marais, en nature de prairies mouvantes, où cet inconvénient n'existe pas. Mais le desséchement de ces marais doit avoir pour conséquence de les en faire exclure.

110.

Que les chevaux mis dans les prés
  Par derrière soient déferrés.

(Picardie).

Les coutumes locales d'Abbeville, art. 48, de Boves art. 28, et de Picquigny, art. 12, défendaient sous peine de soixante sous parisis d'amende, d'envoyer les chevaux paître dans les marais communs à moins qu'ils ne fussent déferrés des deux pieds de derrière (*Coutumier de Picardie*, tome Ier, partie 4, p. 58. — *Cout. loc. du Bailliage d'Amiens* , I , p. 173 , 190.)

La coutume locale d'Abbeville ayant été soumise à la formalité de l'homologation, peut être considérée comme étant encore obligatoire aujourd'hui, par l'effet de la disposition de l'article 484 du code pénal qui maintient les coutumes et les anciens réglements en vigueur pour ce qui touche aux matières de police qu'il n'a point réglées.

Dans le tarif des amendes qu'établit l'article 348 de la coutume de La Marche, pour les dommages causés par les différentes espèces de bestiaux , on voit qu'un cheval ferré est taxé à seize deniers , tandis que l'amende n'est que de huit deniers seulement pour un cheval non ferré.

Le déferrement des pieds de derrière , semble donc indiquer que le cheval qui a subi cette opération n'est pas propre au travail , du moins accidentellement , et que sa présence dans un troupeau commun , offre moins de danger que s'il jouissait de la plénitude de ses forces.

111.

Le troupeau vend le berger.

(Provence).

Dans les communes de l'ancienne Provence où les troupeaux ne paissent que la nuit, surtout à l'époque des chaleurs, il est presque impossible de se procurer des témoins des délits que commettent les bergers. Aussi les propriétaires, avant la Révolution, avaient-ils pris le parti de faire, entr'eux, un fonds commun sur lequel on prélevait le paiement de tout dommage dont on ne parvenait pas à découvrir l'auteur. Lorsque le fonds était épuisé, ils se cotisaient de nouveau, mais cela n'arrivait que fort rarement, car le coupable finissait presque toujours par être connu, attendu que les bergers avaient entr'eux une police qui facilitait la découverte du délinquant. Ils s'obligeaient à faire passer, tour-à-tour, leur troupeau devant la propriété endommagée et du côté par où il était reconnu que les bêtes étaient entrées. Les brebis qui avaient fait le dommage ne manquaient pas d'y accourir en bêlant, et de témoigner, par cet empressement, qu'elles y avaient pâturé depuis peu de temps. Si l'un des bergers se refusait à faire passer les siennes, son refus déposait contre lui, mais bien souvent le coupable avouait le fait et payait le dommage, avant de subir l'épreuve.

SECTION III.

CANTONNEMENTS.

112.

Vaines pâtures sont limitées.

(Droit coutumier.)

L'origine des cantonnements remonte à la plus haute antiquité. Dès les premiers âges du monde, ainsi qu'on peut le voir au chapitre XIII, w. 8 et 9 de la Genèse, le besoin de maintenir la paix et la bonne harmonie entre les pasteurs, avait déjà fait consacrer le principe de la distinction des pâturages. La séparation d'Abraham et de Loth n'a eu d'autre but que d'éviter tout sujet de querelle entre les gardiens de leurs troupeaux.

Sous l'empire du droit coutumier de la France, les vaines-pâtures étaient limitées par justices ou par finages de paroisses. Dans les pays où elles étaient limitées par justices, on accordait presque toujours le droit de parcours réciproque, de clocher à clocher, aux paroisses voisines qui dépendaient d'une même juridiction féodale. Dans ceux au contraire où les vaines-pâtures étaient limitées par villages, les troupeaux ne pouvaient franchir la limite de leurs territoires respectifs.

L'article 37 de la coutume de la châtellenie de Pernes (Pas-de-Calais) prouve qu'à cet égard, l'usage des provinces du Nord n'était pas le même que celui qui était consacré par les coutumes du centre de la France, où les vaines pâtures se limitaient par juridictions.

« Item, que nulz bregiers ne *peuvent venir* ou faire
» venir pasturer leurs blanches bestes, es mettes
» de la chastellenie, hors leur pasturage limité, que
» ce ne soit à péril, et pour chascune foys, de
» amende de LX solz. (Cout. loc. du Baill. d'Amiens,
II, p. 250).

« Ne peut une paroisse d'un village entreprendre
» sur le territoire d'autre village, ne passer ses li-
» mites. » (Cout. de Boulonais, art. 133.)

Les lois révolutionnaires, en abolissant les justices seigneuriales, n'ont pas aboli le parcours qui en était la conséquence. Aux termes de l'art. 2, titre Ier, section IV, de la loi du 28 septembre 1791, la servitude de parcours de paroisse à paroisse, a été maintenue provisoirement dans les lieux où elle est fondée sur un titre ou sur une possession immémoriale autorisée par les lois et les coutumes.

Quant au droit simple de vaine-pâture, il est maintenu virtuellement, et continue de s'exercer, conformément aux réglements et usages locaux qui ne contrarient point les réserves de la loi précitée, sous la surveillance des Conseils municipaux auxquels il appartient de fixer le contingent individuel de chacun des participants, et d'assigner des cantonnements aux troupeaux communs et particuliers.

113.

Où va le parc, va le berger.

(Picardie).

Lorsqu'une commune possède plusieurs troupeaux de bêtes à laine, il paraît rationnel que le territoire soit divisé par sections et qu'un cantonnement spécial soit affecté à chaque berger. Cette mesure qui est utile pour la police du pâturage, est vivement recommandée par l'autorité administrative. Malheureusement, elle rencontre de grandes difficultés dans l'application, car tout propriétaire qui a des moutons a aussi des terres à parquer. Or, comme ces terres, à raison du morcellement des propriétés, sont presque toujours éparpillées aux quatre coins du territoire, il en résulte une espèce de parcours forcé et réciproque qui est commandé par les changements continuels du parc, de telle sorte que les bergers sont toujours exposés à être pris en contravention, quand ils rentrent leur bétail le soir ou qu'il le font sortir le matin. Les nécessités du parc sont donc un obstacle à la stricte exécution des réglements qui fixent les cantonnements. C'est pourquoi il est de règle, dans presque tous les pays de vaine-pâture où il est d'usage de faire parquer les moutons, que, pendant la durée du parcage, c'est-à-dire depuis le 24 juin jusqu'au mois de novembre, les cantonnements ne sont pas observés.

SECTION IV.

NUITS DE PARC.

114.

Qui parque au commencement doit parquer
à la fin.

(Picardie).

L'assiette du parc des troupeaux de bêtes à laine, dans le département de la Somme, a lieu ordinairement le 23 juin. Le parcage commence le lendemain, jour de la Saint-Jean et finit le 1.er ou le 11 novembre. On suppute d'abord le nombre des nuits et on les répartit entre les propriétaires participants, tantôt à raison du nombre des moutons de chacun, tantôt à raison du nombre de moutons et du nombre d'hectares qu'il exploite. L'ordre dans lequel les nuits sont distribuées, se règle le plus souvent par la voie du sort. Les conventions à cet égard peuvent varier à l'infini.

Mais l'usage veut qu'on ait égard à la durée des

17.

nuits qui , à cause de leur inégalité relative , sont plus profitables en automne qu'en été, à la fin qu'au commencement de la saison du parc. C'est pourquoi les premiers en tour de parquer ont droit de diviser leur contingent en deux parties dont l'une comprend les premières nuits, à partir de la Saint-Jean , et l'autre les dernières de la saison. De cette manière , il s'établit une espèce de compensation, entre les nuits longues et les nuits courtes, qui fait disparaître l'intérêt d'avoir les unes plutôt que les autres.

115.

On ne parque pas , entre hertiers (1) ,
Avec moutons pris à loyer.

Ce principe résulte implicitement de l'article 26 de la coutume d'Arleux-en-Gohelle (Pas-de-Calais.)

(1) On appelle *hertier* le propriétaire de moutons qui les nourrit à l'étable , pendant l'hiver , et qui les met au troupeau commun pendant l'été. Le mot *herte* ou *herde*, en patois picard *hot*, désigne le petit troupeau de bêtes à laine des ménagers qui n'ont pas moyen d'avoir un berger particulier. — *hardeia*, dit Ducange, veut dire *fasciculus*, fagot, botte , assemblage d'objets réunis par un lien. L'expression *herde* est un dérivé

« Chascun a autorité de pouvoir parquier de ses
» blanches bestes, sans pouvoir y accumuler celles
» d'autruy. » (Cout. loc. du Baill. d'Amiens II,
343.)

En effet, le troupeau commun qui est formé en
vue d'un avantage réciproque et alternatif, suppose
un contrat de société dont les conditions doivent être
fidèlement exécutées. La communauté a intérêt à ce
que chaque hertier soit propriétaire de sa mise
sociale, c'est-à-dire des moutons qui forment son
contingent individuel, car il y aurait mécompte
dans le résultat du parcage, si un tiers, sous prétexte de loyer non payé, pouvait, avant la complète
répartition des nuits, enlever du troupeau les bêtes
à laine qu'il aurait louées à l'un des participants.

de l'allemand *heerde* qui s'applique à toute espèce de troupeau.
C'est dans ce sens qu'elle est employée par l'art. 12 de la coutume de la seigneurie de Frohens, et l'article 8 de la coutume
de l'échevinage d'Ocoche (Cout. loc. du bailliage d'Amiens II,
p. 119 et 148.) — La coutume d'Escoives dans la chatellenie
d'Oisy (Pas-de-Calais) fixe à 60 sous l'amende due pour chaque
bête à corne et petit *hot* de brebis, pris dans les bois au-dessous
de 5 ans (*Ibid.* p. 481.)

116.

On ne rebouche pas le trou
Que dans un parc a fait le loup.

On n'est pas tenu de remplacer les moutons étran-
glés par le loup , mais seulement ceux qui ont été
vendus par le propriétaire. Lorsque la répartition
des nuits de parc, entre les hertiers , a été réglée
par le sort, il n'y a plus que le cas de force majeure,
qui puisse les dispenser de maintenir au complet
le nombre de bêtes à laine que chacun d'eux a
mis au troupeau commun. Si les premiers en tour
pouvaient vendre ou retirer leurs moutons, après
avoir bénéficié du parc, ceux qui viendraient après
en éprouveraient un préjudice notable , parce que
leurs terres ne pourraient plus être parquées que
par un troupeau réduit au-dessous du nombre né-
cesssaire pour que tous les intéressés soient sa-
tisfaits. C'est pourquoi, le contingent individuel une
fois fourni, ne peut plus être diminué par le fait
de l'un des associés , jusqu'à la levée du parc.

SUPPLÉMENT.

1 bis.

Sont meubles, dit un proverbe ancien,
Raisins en cuve, blés en lien.

La maxime germanique : *wan der win in den zober komet, daz korn in daz seil, so ist iz farende hab*, recueillie par Bodmann dans ses *Antiquités des pays rhénans*, diffère peu de la règle consacrée par le second paragraphe de l'article 520 du Code Napoléon. Le droit français déclare que les récoltes sont meubles aussitôt qu'elles sont séparées du sol et les fruits aussitôt qu'ils ont été détachés de l'arbre.

69 bis.

La réparation des trous aux murs en terre,
Jusques à hauteur d'homme, incombe au locataire.

(Picardie.)

Dans plusieurs cantons ruraux du département de la Somme, on considère, comme une charge locative, les réparations à faire aux parois et solins

17*

des maisons en bois, couvertes en chaume, jusqu'à la hauteur d'un homme de taille ordinaire , parce que les dégradations auxquelles cette partie des bâtiments est exposée , sont présumées être le fait des occupeurs, ou du moins des personnes qu'ils emploient à leur service.

96 bis.

On appelle marais ou pâtis communaux,
Ceux où n'entra jamais la charrue ou la faux.

La terre qui a été cultivée , la prairie où l'on a récolté des foins : *wohin pflug und sense gehet — qua falx et arater ierit —* ne sont pas à comprendre dans la catégorie des biens communaux proprement dits , car partout où la charrue ou la faux ont passé, il y a la marque d'une appropriation privative qui établit la présomption , si la terre est en nature de pâturage commun, que la communauté en jouit en vertu d'un acte de concession à titre gratuit ou onéreux.

Mais les terrains vains et vagues , les landes, les bruyères , les marais improductifs, n'ont jamais été considérés , même sous le régime de la féodalité, comme une chose susceptible d'inféodation ou d'a-

censement. Les seigneurs n'y pouvaient prétendre
que des droits analogues à ceux qu'ils exerçaient
sur les chemins, les rues, les places, les cours
d'eau, et en général sur tout ce qui était destiné à
un usage public. Leurs premières tentatives pour en
dépouiller les communautés d'habitants, n'ont commencé à se manifester que vers la fin du xve siècle
et le commencement du xvie. C'est du moins ce que
semble indiquer le procès-verbal de la coutume locale de Saint-Valery-sur-Somme, rédigée en 1507.

« ART. 7. — Item, dient et affirment tous les
» dessoubz signés (les fondés de pouvoir des vas-
» saux de la châtellenie) qu'il leur samble que ung
» chacun seigneur ayant fief et justice peut de droit
» délaissier telle quantité, partie et portion de sa
» dite terre et seignourie en friche et riez et non
» valoir, sans le approprier à soy, ne le bailler à
» cens ou à louage, tant et si longuement que bon
» lui samble ; et, combien que, durant le temps que
» icelle terre est ainsi délaissiée en friche et riez,
» ung chascun ayt acoustumé d'y passer et rapas-
» ser, aller et faire passer leurs bestiaux, par vingt,
» trente, quarante ans et plus, néantmoins qu'il est
» loisible audit seigneur reprendre la dite terre
» toutes et quantes foys que bon lui samble à son
» prouffit, l'approprier à sa demaine, bailler à
» louage, à cens ou autrement en faire son prouffit.

» *Sur cest article*, le procureur d'office de la châ-
» tellenie a desclairié que icelluy article il ne en-
» tend, ne tient estre pour coustume, qu'il ne le
» accorde, et proteste de le empesquier et débattre
» par devant Mgr le bailly d'Amiens combien qu'il
» ayt signé ce présent coyer. » (*Cout. loc. du Baill.
d'Amiens*, I, 425).

Cette opposition du représentant du suzerain aux velléités usurpatrices de ses feudataires, prouve que les hauts seigneurs, à cette époque, ne voulaient pas laisser consacrer en principe, par la coutume, qu'un vassal relevant d'eux aurait la liberté de se mettre en possession, *jure proprietario*, des terres vaines et vagues, sous prétexte qu'elles auraient été anciennement cultivées, qu'il pourrait les incorporer à son domaine sans que les communautés d'habitants pussent jamais se faire un titre de leur possession immémoriale, pour repousser sa prétention.

Ce fait est d'autant plus significatif qu'il s'est produit dans un canton où la plupart des pâturages communs, connus sous le nom de *molières* ou de *prés salants*, sont des terrains abandonnés par la mer dont les seigneurs connaissaient la prodigieuse fertilité et le parti qu'ils en pouvaient tirer.

LISTE

DES OUVRAGES A CONSULTER POUR LA VÉRIFICATION DES CITATIONS.

En indiquant ici le volume et la page du recueil qui contient le texte des coutumes citées dans le corps de l'ouvrage et le n.º de la maxime à laquelle se réfère la citation, on a eu pour but de simplifier le travail de la vérification des preuves, et de donner le moyen de rectifier les erreurs qui ont pu s'y glisser.

BASNAGE :

Commentaire sur l'article 608 de la coutume de Normandie tome II, page 497. — Max. 7 : *Fruits des branches qui avancent.*

BIBLIA SACRA :

Liber GENESIS, cap. 13, w. 8 et 9. — Max. 112 : *Cantonnements des troupeaux.*

Liber LEVITICI, cap. 19, w. 9 et 10. — Max 94 : *Origine du glanage et du grappillage.*

Liber Deuteronomii, cap. 24, w. 19 , 20 , 21. —
Max. 94: *Origine du glanage et du grappillage.*

BOUCHAUD :

Commentaire sur la loi des XII Tables, 2 vol. in-4.°
Paris 1803 (an xi).
— Tome II, p. 79. — Max. 46 : *Entre-deux des ha-
bitations.*
— Ibid. p. 97. — Max. 7 : *Fruits des branches qui
avancent.*
— Ibid. p. 102. — Max. 61 : *Largeur des chemins
dans le tournant.*
— Ibid. p. 82. — Max. 25: *Sociétés d'endigueurs.*
— Tome I, p. 649. — Max. 1 : *Échalas des vignes.*

BOURDOT DE RICHEBOURG :

Nouveau coutumier général, ou corps des coutumes générales et particulières de la France, 4
vol. in-f.° Paris, 1724.

Auvergne (Haute). — Cout. loc. de la paroisse de
Deyren, t. IV, p. 1211. — Max. 31 : *Propriété du
rideau.*
— Cout. loc. de Marminhac, t. IV, p. 1211.— Max.
99 : *Bétail hiverné, bétail estivé.*
— Ibid. art. 1.ᶜʳ, t. IV, p. 1211. — Max. 7 : *Fruits
des branches qui avancent.*
— Cout. loc. de St.-Clémens, t. IV, p. 1211.— Max.
31 : *Propriété du rideau.*

— Cout. loc. de Trizac, t. IV, p. 1213. — Max. 99 : *Bétail hiverné, bétail estivé.*

— Cout. loc. de Saint-Paul, t. IV, p. 1213. — Max. 99 : *Bétail hiverné, bétail estivé.*

— Cout. loc. de Montmorin, art. 5, t. IV, p. 1201. — Max. 106 : *Pâturage réservé aux bœufs arans.*

Auvergne, (cout. générales), ch. 28, art. 6, t. IV, p. 1187. — Max. 106 : *Pâturage réservé aux bœufs arans.*

Auxerre, titre 15, art. 268, t. III, p. 610. Max. 40 : *Accrues des bois.*

Bassigny (bailliage de), titre 16, art. 193, t. II, p. 1150. — Max. 7 : *Fruits des branches qui avancent.*

Bayonne, titre 7, art. 20, 21, t. IV, p. 950. — Max. 90 : *Maître qui soigne un valet alité.*

— Ibid. titre 23, art. 10, t. IV, p. 961. — Max. 56 : *Droit de mouture.*

Bergerac, art. 124, t. IV, p. 1032. — Max. 67 : *Vin en cellier.*

Blois, art. 240, t. III, p. 1065. — Max. 56 : *Droit de mouture.*

Boulonnais, art. 172, t. I, p. 61. — Max. 38 : *Les éperneaux marquent la limite à la distance du rejet de la haie.*

— Ibid. art. 144, t. I, p. 39. — Max. 39 : *Labours contre les chemins.*

— Ibid. art. 172, t. I, p. 61. — Max. 37 : *Les éperneaux sont garants de la limite.*

— Ibid. art. 133, t. I, p. 60. — Max. 112 : *Vaines pâtures sont limitées.*

BOURBONNAIS, ch. 33, art. 535, t. III, p. 1272. — Max. 56 : *Droit de mouture.*

BOURGOGNE (duché), ch. 13, art. i.ᵉʳ, t. II, p. 1180. — Max. 40 : *Accrues des bois.*

— Ibid. (comté), art. 57, t. II, p. 1192. — Max. 40 : *Accrues des bois.*

BRETAGNE, titre 17, art. 387, t. IV, p, 312. — Max. 56 : *Droit de mouture.*

BRUXELLES. *Règlement sur les bornages*, art. 48, t. I, p. 1270. — Max. 65 : *Fumée incommode.*

— Ibid. art. 63, t. I, p. 1271. — Max. 24 : *Puits de quartier.*

CAMBRAI, titre 18, art. 6, t. II, p. 295. — Max. 50 : *Jouissance de la haie mitoyenne.*

CHAUMONT EN BASSIGNY, titre 9, art. 108, t. III, p. 360. — Max. 40 : *Accrues des bois.*

CLERMONT EN ARGONNE, ch. 19, art. 12, t. II, p. 886. — Max. 7 : *Fruits des branches qui avancent.*

HAINAUT (ancienne coutume) ch. 63. Cout. générales art. 103, § 2, t. II, p· 34. — Max. 21 : *Chômage des moulins.*

— Chartes de Hainaut (chef-lieu de Mons), ch. 23, t. II, p. 74. — Max. 1 : *Perches à houblon.*

Malines. *Leges municip. civ. Mechlin.* titre 14, art. 46, t. I, p. 1225.— Max. 24 : *Puits de quartier.*

— Ibid. titre 14, art. 43, t. I, p. 1225. — Max. 65 : *Fumée incommode.*

— Ibid. titre 15, art. 4, t. I, p. 1225. — Max. 73 : *Arbres montants, droit du fermier.*

Melun, art. 204, t. III, p. 446. — Max. 47 : *Tour d'échelle.*

Metz (ville de), titre 12, art. 2, tome II, p. 406. — Max. 97 : *Droit de pâturage commun incessible.*

— Ibid. (Évêché de), titre 14, art. 14, t. II, p. 422. — Max. 97 : *Droit de pâturage commun incessible.*

Montreuil (prévôté de), art. 30, t. I, p. 141. — Max. 42 : *Distance de la haie vive.*

Poitou, art. 25, t. IV, p. 747. — Max. 56 : *Droit de mouture.*

Reims, art. 378, t. II, p. 515. — Max 47 : *Tour d'échelle.*

Saint-Mihiel, titre 13, art. 15, t. II, p. 1058. — Max. 6 : *Fruits sauvages.*

Saint-Sever, titre 3, art. 7, t. IV, p. 939. — Max. 69 : *Le locataire doit être tenu clos et couvert.*

Sedan, art. 295, t. II, p. 835. — Max. 47 : *Tour d'échelle.*

Sens, titre 15, art 154, t. III, p. 518. — Max. 40 : *Accrues des bois.*

Touraine (bailliage de), art. 11, t. IV, p. 601. — Max. 56 : *Droit de mouture.*

Troyes, titre 10 , art. 177 , t. III , p. 252. — Max.
40 : *Accrues des bois.*

— Ibid. titre 11 , art. 253 , t. III , p. 203. — Max.
68 : *Vin au détaillant vendu.*

Verdun (évéché de) , titre 11 , art. 2 , tome II , p.
432. — Max. 40 : *Accrues des bois.*

COQUILLE (Guy) :

Institution au droit erançais. I , p. 66. — Max. 44 :
Haie d'épine noire.

— Commentaire sur l'article 6 , ch. 18 de la coutume
de Nivernais , t. II , p. 213. — Max. 56 : *Droit de
mouture.*

COUTUMES LOCALES du Bailliage d'Amiens :

2 vol. in-4.° publiés par la Société des Antiquaires
de Picardie. Amiens 1845 , 1853.

Arleux-en-Gohelle , art. 26 , II , p. 343. — Max.
115 : *On ne parque pas avec moutons pris à loyer.*

Baralle et Buissy , art. 78 , 79 , II , p. 460. — Max.
96 : *Herbes dans les blés.*

— Art. 80 , II , p. 460. — Max. 2 : *Brandon est
signe de défense.*

— Art. 144 , II , p. 469. — Max. 51 : *Passage pour
cause d'enclave.*

Beaurains, art. 7 , II , p. 604. — Max. 108 : *Bestiaux
mâles au pâturage.*

Berck-sur-Mer , art. 5, II , p. 607. — Max. 27 : *Fixation et plantation des dunes.*

— Ibid. art. 65, II, p. 415. — Max. 55 : *Fourrières des labours.*

OUTREBOIS, art. 7, II, p. 154.— Max. 108 : *Bestiaux mâles au pâturage.*

PERNES, art. 57, II, p. 250. — Max. 112 : *Cantonnements des troupeaux.*

PICQUIGNY, art. 12, I, p, 190. — Max. 110 : *Chevaux au pâturage, déferrés par derrière.*

ROSIÈRE (la), art. 6, II, p. 132. — Max. 107 : *Bêtes oisives, pâturage de nuit.*

TOUTENCOURT, art. 36, II, p. 227. — Max. 56 : *Droit de mouture.*

VRON, art. 7, I, p. 522. — Max. 50 : *Haie mitoyenne, mode de jouissance.*

COUTUMIER DE PICARDIE :

Abbeville (coutume locale d'), art. 48, t. I, ive partie, p. 58. — Max. 110 : *Chevaux déferrés des pieds de derrière.*

COUTUMIER DE VERMANDOIS :

GODET. Commentaire sur l'art. 140 de la coutume de Châlons, t. I, partie iv, p. 64. — Max. 65 : *Fumée incommode.*

GRIMM (JACOB) :

DEUTSCHE RECHTS ALTERTHÜMER. 1 vol. in-8°. 1828.

   — Pages 92 et 525. — Max. 40 : *Accrues des bois.*

   — Pages 543 et 545. — Max. 29 : *Posage des bornes.*

   — Page 548. — Max. 17 : *La rivière ôte et donne.*

— Page 549. — Max. 41 : *Distance de la haie vive.*

— Page 553 — Max. 52 : *Passage pour le fumier.*

Weisthümer, tome III, p. 29. — Max. 7 : *Fruits des branches qui avancent sur le voisin.*

— Ibid. III, p. 106. *Rietberger landrecht*, art. 37. Max. 7 : *Fruits des branches qui avancent sur le voisin.*

LE GRAND :

Lois et Coutumes des villes et chastellenies du comté de Flandre, traduites en français ; 3 vol. in-folio. Cambrai 1719.

Alost , t. I, p. 26 , rub. 10 , art. 2 et 3. — Max. 61 : *Largeur des chemins dans le tournant.*

— Ibid. p. 40 , rub. 14 , art. 12, 13, 14 et 15. — Max. 76 : *Fermier entrant et sortant.*

— Ibid. p. 29, rub. 10. art. 27. — Max. 51 : *Passage pour cause d'enclave.*

— Ibid., p. 28, rub. 10, art. 19. — Max. 7 : *Fruits des branches qui avancent.*

— Ibid., p. 27, rub. 10, art. 9. — Max. 39 : *Des différentes espèces de chemins.*

— Ibid., p. 53, rub. 10, art. 21. — Max. 53 : *Une sole ne doit pas le passage à une autre sole.*

Audenarde I, p. 73, rub. 14, art. 12. — Max. 47 : *Tour d'échelle.*

— Ibid., p. 73, rub. 14, art. 21 : — Max. 39 *Une sole ne doit pas le passage à une autre sole.*

— Ibid., p. 73, rub. 14 , art. 17. — Max. 38 : *Les éperneaux font ligne de l'un à l'autre.*

— Ibid., p. 52, rub. 9, art. 16. — Max. 76 : *Fermier entrant et sortant.*

Bergues-Saint-Vinox. II, p. 56, rub. 15, art. 23. — Max. 7 : *Fruits des branches qui avancent.*

— Ibid., p. 53, rub. 15, art. 12. — Max. 32 : *Les gouttières des toîts marquent la limite.*

— Ibid., p. 53, rub. 15, art. 5.—Max. 42 : *Distance de la haie vive.*

— Ibid., p. 56, rub. 15, art. 31. — Max. 59 : *Plantations près des moulins à vent.*

— Ibid., p. 55, rub. 15, art. 22. — Max. 65 : *Fumée incommode.*

— Ibid., p. 19, rub. 7, art. 20. — Max. 77 : *Deux fruits sur un fumier.*

Bouchote II, p. 17, rub. 10, art. 14. — Max. 72 : *Bois tendre et bois dur.*

— Ibid., p. 16, rub. 10, art. 12. — Max. 71 : *Taille périodique des haies.*

Cassel, III, p. 81, art. 471. — Max. 89 : *Qui sert et ne continue.*

Courtrai, I, p. 13, rub. 7, art. 9. — Max. 9: *Droit de l'usufruitier sur les arbres montants.*

— Ibid., p. 17, rub. 7, art. 35. — Max. 77 : *Deux fruits sur un fumier.*

Eckelsbeeke, II, p. 101, rub. 5, art. 2. — Max. 65 : *Fumée incommode.*

Eccloo, II, p. 10, rub. 5, art. 19. — Max. 73 : *Élagage des arbres par le fermier.*

— Ibid., p. 10, rub. 5, art. 15. — Max. 77 : *Deux fruits sur un fumier.*

— Ibid., p. 36 : *Règlement du 23 mars 1660, art. 21.* — Max. 104 : *Chèvres en pâturage.*

— Ibid., p. 31 : *Règlement du 23 mars 1660, art. 76.* — Max. 91 : *Qui prend valet chez un autre en service.*

Franc de Bruges (Pays du), II, p. 20, art. 76. — Max. 51 : *Passage pour cause d'enclave.*

— Ibid., p. 21, art. 77. — Max. 59 : *Plantations près des moulins à vent.*

— Ibid., p. 30, art. 115. — Max. 72 : *Bois tendre et bois dur.*

— Ibid., p. 31. art. 117. — Max. 78 : *Fumier qui porte un fruit.*

— Ibid., p. 158. *Règlement du grand canal de Blankenbergue,* art. 40. — Max. 27 : *Fixation et plantation des dunes.*

— Ibid., p. 169. *Règlement du territoire de Kamerling,* art. 38. — Max. 27 : *Plantation et fixation des dunes.*

Furne, II, p. 83, titre 34, art. 1er. — Max. 84 : *Denier à Dieu.*

Gand, I, p. 79, rub. 18, art. 22 et 23, — p. 213, placard de 1672, interprétatif desdits articles. — Max. 46 : *Entre-deux des maisons.*

Poperingue, III, p. 14, titre 6, art. 15. — Max. 81 : *Houblonnières.*

Lille, III, p. 26, titre 16, art. 1er. — Max. 75 : *Fermier entrant et sortant.*

LOISEL (Antoine).

Institutes coutumières. Nouvelle édition par MM. Dupin aîné et Ed. Laboulaye ; 2 vol. in-18. Paris, 1846.

— Tome I, p. 251, n° 242. — Max. 48 : *Qui clôt empêche.*

— Ibid., p. 262, n° 256. — Max. 31 : *Le pied saisit le chef.*

— Ibid., p. 263, n° 259. — Max. 57 : *Premier au moulin, premier servi.*

— Ibid., p. 288, n° 282. — Max. 5 : *Ce qui vient à la haie est proie.*

— Ibid., p. 416, n° 473. — Max. 89 : *Qui sert et ne continue.*

— Ibid., p. 417, n° 475. — Max. 69 : *Le locataire doit être tenu clos et couvert.*

USAGES LOCAUX (les) ayant force de loi dans le département de la Marne, publiés par M. E. Berthelin, avocat à Troyes, membre résidant de la Société académique de l'Aube ; brochure in-8°. Paris, 1857.

— Page 90. — Max. 55 : *Retourner la charrue sur le champ du voisin.*

USAGES LOCAUX (Recueil des) du département du Nord, constatés et mis en ordre d'après les procès-verbaux des commissions cantonales , précédés d'un rapport au Préfet et d'un discours préliminaire , par **M. V. Balson** , doyen du Conseil de Préfecture , Président de la Commission centrale. Lille , 1856.

— Page 33. *Règlement du magistrat de Bergues* , du 21 avril 1717. — Max. 42 : *Distance des plantations.*

USAGES LOCAUX (Essai sur les) du département du Pas-de-Calais , publiés par **H.Clément** , juge-de-paix du canton de Beaumetz-les-Loges , ancien membre du barreau d'Arras ; 1 vol. in-8°. Arras. **1857**.

— Page 16, n⁰ 18. — Max. 30 : *Enchaînement des bornes.*

— Page 172, n⁰ 135. — Max. 74 : *Usage de la tierce sole ou de l'épi traînant.*

— Page 347, n⁰ 224. Extraits du *Livre rouge d'Arras.* — Max. 36 : *Épines-bornes ou pieds-corniers.*

— Page 346, n⁰ 223. Extraits du *Livre rouge d'Arras.* — Max. 33 : *Pignon droit ne doit pas de gouttière.*

— Page 347, n⁰ 224. Extraits du *Livre rouge d'Arras.* — Max. 29 : *Posage des bornes.*

USAIGES ET ANCIENNES COUSTUMES de la conté de Guysnes , Ms. du xv⁰ siècle , publié par la Société des Antiquaires de la Morinie ; 1 vol. in-8°. St.-Omer, 1856.

— Page 30, art. 56, §. 3. — Max. 91 : *Qui prend valet chez un autre en service.*

— Page 38, §. 25.— Max. 92 : *Ouvriers à la journée, payement à la semaine.*

— Page 44, art. 71.— Max. 93 : *Labours pour autrui.*

— Page 49, art. 85. — Max. 63 : *Comment le charretier doit conduire sa voiture.*

VERNEILH :

Observations des commissions consultatives sur le projet de code rural ; 4 vol. in-4°. Paris , 1810, 1811 et 1814.

— Tome I , p. 260. *Commission consultative de Douai.* Max. 76 : *Sur les abus du droit de marché.*

— Tome IV, p. 105. *Commission consultative des Bouches-du-Rhin.* — Max. 27 : *Fixation des dunes.*

— Ibid., p. 155. *Commission de l'Ems-Oriental.* — Max. 50 : *Curage du fossé mitoyen.*

— Ibid., p. 632. *Projet définitif de code rural,* art. 448. — Max. 26 : *Impôt des digues*

TABLE DES MATIÈRES.

Amiens. — Imp. Ve HERMENT, place Périgord, 3.

Prix : **1 Franc**.

Amiens. — Imp. Ve HERMENT, place Périgord, 3.

www.ingramcontent.com/pod-product-compliance
Ingram Content Group UK Ltd.
Pitfield, Milton Keynes, MK11 3LW, UK
UKHW022013170726
13837UKWH00001B/166